DELIUS KLASING

Harald Schwarzlose

Yacht-Riggs

Formen · Technik · Beratung

Delius Klasing Verlag

Von Harald Schwarzlose sind im Delius Klasing Verlag außerdem
folgende Titel erschienen:
Beiboote – Dingis – Tender
Kleine Yachten: Ausrüsten – Trimmen – Trailern
Opti-Segeln
Praktische Seemannschaft in Bildern (zusammen mit Robbert Das)
Schleswig Holstein – Küsten aus der Luft (zusammen mit Bernt Federau)

Die Deutsche Bibliothek – CIP-Einheitsaufnahme

Schwarzlose, Harald:
Yacht-Riggs : Formen – Technik – Beratung / Harald Schwarzlose. –
Bielefeld : Delius Klasing, 1997
(Yacht-Bücherei ; Bd. 122)
ISBN 3-87412-163-1

ISBN 3-87412-163-1

Titelfoto: Kai Greiser, Hamburg
Umschlaggestaltung: Ekkehard Schonart
Zeichnungen: Schwarzlose/Schonart 13, Schwarzlose 1, Nissen 1, Buehler 1, Seemannschaft 5, Spellier/Schonart 1, Schonart 1, Ludwig 2, Werftzeichnungen 2, Schwartau 1, Berckemeyer 1, Segelwerkstatt Stade/Müller & Hans 1, Glacer 2, Reinke 1
Gesamtherstellung: Ludwig Auer GmbH, Donauwörth
Printed in Germany 1997

Inhalt

Yachttypen: Anstelle eines Vorworts

Riggs und Segel für Yachten und Jollen sind so vielfältig wie es verschiedenartige Bootstypen gibt. Häufig lässt sich eine Riggform aber nicht nach den bestehenden Standardkriterien klassifizieren, denn es werden Elemente und Stilformen je nach Einsatzzweck des Segelbootes, häufig aber auch nur nach dem Geschmack des Eigners kombiniert. So fällt es dem Laien wie dem Fachmann manchmal schwer, ein Rigg und damit einen speziellen Bootstyp zu bestimmen.

Nahezu alle Riggvarianten basieren jedoch auf einigen wenigen Grundformen, die sich im Laufe der Jahre herausgebildet haben und heute als Standardriggs für Sportboote gelten. Sie sind leicht zu unterscheiden und klar zu definieren. Bevor wir uns mit der ganzen Vielfalt der Yacht- und Jollenriggs beschäftigen, möchte ich daher die wesentlichen Merkmale den weiteren Ausführungen voranstellen.

Cat-Rigg = 1 Großsegel

Slup = Großsegel und 1 Vorsegel

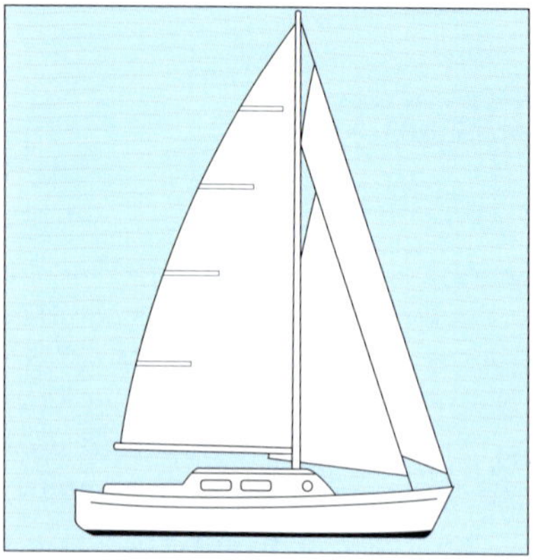

Kutter = Großsegel und mindestens 2 Vorsegel

Schoner = Groß- und Schonersegel und Vorsegel

Am einfachsten zu bestimmen ist das einmastige **Cat-Rigg**. Der Mast steht weit vorn im Boot, in der Regel kurz hinter dem Steven. Es wird keine Fock gefahren, sondern nur ein Großsegel. Dieses kann ein Gaffelsegel oder ein Hochsegel sein. Bei einem modernen Cat-Rigg wird das hochgetakelte Catsegel mit Hilfe durchgehender Segellatten weit nach achtern ausgestellt. Es hat also eine große Achterlieksrundung.

Das einmastige **Slup-Rigg** ist das gebräuchlichste Yachtrigg. Es trägt ein Großsegel und nur ein Vorsegel. Das Groß kann ein Gaffelsegel oder – heute auf Yachten und Jollen meist üblich – ein Hochsegel sein.

Trägt das einmastige Rigg ein Großsegel und zwei oder mehr Vorsegel, so wird es **Kutter-Rigg** genannt. Es kann ebenfalls gaffel- oder hochgetakelt sein. Moderne Kutter aber führen üblicherweise ein Hochsegel.

Bei den mehrmastigen Riggs werden die Schoner-, Ketsch- und Yawl-Takelung unterschieden. **Das Schoner-Rigg** besteht aus mindestens zwei, aber auch mehreren Masten. Beim klassischen zweimastigen Schoner-Rigg ist der hintere Mast höher als der vordere. Bei den früheren Frachtschonern waren die häufig zahlreichen Masten meistens gleichlang und trugen Gaffelsegel. Auch das heute auf Yachten übliche moderne Schoner-Rigg hat zwei gleich

Ketsch = Groß-, Besan- und Vorsegel

Yawl = Groß-, Besan- und Vorsegel

hohe Masten, wobei das am achteren Großmast gefahrene Großsegel sowie das am vorderen Fockmast gefahrene Schonersegel hochgetakelt sind. Die Anzahl der Vorsegel ist beliebig.

Das **Ketsch-Rigg** ist zweimastig, wobei der hintere, Besan genannte Mast niedriger als der vordere Großmast ist. Die Anzahl der Vorsegel kann variieren. Wesentliches Kriterium ist die Position des Besanmastes im Boot. Er muss sich vor dem achterlichen Punkt der Konstruktionswasserlinie und damit in der Regel vor dem Ruder befinden.

Auch das **Yawl-Rigg** ist zweimastig. Das heißt, eigentlich werden diese Schiffe als Anderthalbmaster bezeichnet, weil der Besan eine deutlich geringere Länge als der Großmast aufweist. Im Unterschied zum Ketsch-Rigg muss sich der Yawl-Besan hinter dem achteren Punkt der Konstruktionswasserlinie, in der Regel also hinter dem Ruder befinden. Die Anzahl der Vorsegel ist beliebig. Weder Schoner, Ketsch noch Yawl werden also zum Kutter, wenn sie zwei oder mehr Vorsegel führen.

Diese Rigg-Grundmuster haben im Laufe der segel- und bootsbautechnischen Entwicklung zahlreiche Abwandlungen erfahren, die in den nun folgenden Kapiteln behandelt werden sollen.

1 Klassische Riggformen im Wandel der Zeit

Das Lateiner-Rigg: Eine lange Rah für das Segeln am Wind

Alle heute bekannten Riggs mit oder ohne Vorsegel stammen letztendlich vom Lateiner-Rigg ab. Es ist somit der Urahn der Segelschifftakelungen und vermutlich – von den Riggs der frühen polynesischen Seefahrer, den einmastigen Rahsegeln phönizischer und ägyptischer Takelungen und der Wikinger abgesehen – das älteste Rigg überhaupt.

Warum es sich mit dem Beginn der Zeitrechnung im arabischen Raum so stark verbreitete, hat einen einleuchtenden Grund. Im Gegensatz zu den echten Rah-Takelungen mit viereckigen Rahsegeln konnten die Schiffe mit einem Lateiner-Rigg höher am Wind segeln, bei entsprechender Rumpfbauweise sogar aufkreuzen.

Während echte Rahsegel sowie die parallel zum Lateinersegel im arabischen Raum entstandenen, im Vorderende verschmälerten Dausegel viereckig sind, ist das Lateinersegel dreieckig. Es wird zwar auch an einer Art Rah gesetzt, jedoch ist diese nicht mittig am Mast angeschlagen, sondern etwa im vorderen Drittel. Sie wird nicht querschiffs, sondern längsschiffs seitlich an der Leeseite des Mastes vorgeheißt. Somit zählt das Lateinersegel zu den Schratsegeln, wie alle jene Segel bezeichnet werden, deren normale Segelstellung in Schiffslängsrichtung ist.

Die sich zu den Enden hin verjüngende, leicht gebogene und in der Mitte häufig geschäftete Spiere des Lateinersegels wird auch Rute oder Lateiner-Rah genannt. Sie ist in der Regel etwa doppelt so lang wie der Mast und reicht bei unterschiedlicher Neigung bis zum Bug des Schiffes, wo sie auch gelascht wird. Bei einigen Lateiner-Takelungen wird nur der Hals des Lateinersegels zum Bug hin, je nach Kurs zur Windrichtung, mehr oder weniger stark gespannt. Bei achterlichen Winden wird die Halsschot nach Luv eingeholt, so dass die Rah weit nach Lee ausschwingen kann.

Über den arabischen Raum, den Persischen Golf und das Rote Meer verbreitete sich das Lateiner-Rigg im gesamten Mittelmeerbereich und entwickelte sich hier zum bedeutendsten Rigg für alle Arten von Segelschiffen. Dies ist nicht verwunderlich, denn mit dem steil aufragenden Lateinersegel ließen sich vorteilhaft die meist leichten Winde einfangen. Die bereits erwähnte Möglichkeit, bei Winden vorlicher als querab zu segeln, prädestinierte das Lateiner-Rigg für den Einsatz auf Kriegsschiffen, die möglichst optimal zu manövrieren sein mussten. Infolge wurden auch mehrmastige Lateiner-Riggs entwickelt.

So bauten beispielsweise die Venezianer Anfang des 16. Jahrhunderts dreimastige Kriegsgaleassen, die aus den Galeeren entstanden. Furore als Allwetterrigg für härteste Bedingungen machte das Lateiner-Rigg unter dem Einfluss der Portugiesen. Heinrich der Seefahrer zog in seiner berühmten Navigationsschule zu Beginn des 15. Jahrhunderts bei Sagres Experten aller nautischen Sparten zusammen, welche unter anderem die legendären Karavellen entwickelten, seetüchtige Schiffe mit einem mehrmastigen Lateiner-Rigg.

Im Mittelmeer, aber auch in arabischen Ländern hat sich diese Riggform bis heute erhalten. Noch immer segeln Fischer- und Frachtboote mit dem dreieckigen Lateinersegel, und jüngst werden die spanischen Llauts, kleine einmastige, aber mit Fock getakelte Fischerboote, wieder zu neuem Leben erweckt, da sich zahlreiche Vereine und Organisationen um den Erhalt und die Restaurierung dieser lateinergeriggten Arbeitsschiffe kümmern.

Zum Untergang des Lateiner-Riggs führte letztendlich der schwierige Umgang mit der langen Rah. Bei größeren Schiffen ließ sie sich nur mit gewaltigen Taljen am Mast emporziehen, und zum Verstauen an Deck waren die Laschungen abzunehmen. Daher ließ man beim Bergen des Segels auf größeren Schiffen die Rah einfach stehen und tuchte das Lateinersegel nur mit Hilfe von Gordings zur Rah hin auf – eine Maßnahme, die bei Sturm ziemlich problematisch war, da der Wind sich in den losen Segelbuchten verfing. Auch das Reffen war schwierig, bei einigen Riggs gar unmöglich, da die

Dieser Schiffstyp wurde Anfang des 16. Jahrhunderts in Venedig entwickelt. Die venezianische Galeasse trägt ein dreimastiges Lateiner-Rigg. Die Rahen sind geschäftet, so dass einzelne Spieren leicht ausgetauscht werden konnten. (Marinemuseum La Spezia)

Lateinerrah ja wegen des Anschlags am Bug nicht diagonal abgesenkt, sondern nur stärker geneigt werden konnte, was zu einer Verschiebung des Segeldruckpunktes nach achtern und somit zu einer vergrößerten Luvgierigkeit führte.
So fand das Lateiner-Rigg auch keinen Eingang im Yachtbau, von einigen nach traditionellen Linien gebauten Yachten in Fernost sowie im Mittelmeerraum einmal abgesehen. Nur bei sehr kleinen Segeljollen entsann man sich der Einfachheit und Effektivität des Lateinersegels. Bekanntester Vertreter ist wohl die amerikanische Sun Fish-Jolle, die zu tausenden als Strandboot

Das klappbare Bananaboot trägt, wie viele andere Fun-Boote und Strandjollen, ein Semi-Lateiner-Rigg. Das Unterliek des Segels wird nicht lose, sondern an einem Baum gefahren, der vorne mit der Rah verbunden ist. (Foto: Kiesel)

gesegelt wird. Auch die in Deutschland verbreiteten Sun Flower-Jollen, ebenfalls unkomplizierte Freizeit-Segelboote, tragen ein Lateinersegel. Hierzulande kennt fast jeder Fahrtenskipper das zusammenklappbare Bananaboot, ein Yachttender, der ebenfalls mit einem abgewandelten Lateiner-Rigg ausgerüstet werden kann. Alle diese Jollen haben jedoch, im Gegensatz zum lose geschoteten Unterliek des echten Lateinersegels, einen Baum, der vorne mit der Rah verbunden ist. Da dieser mit einem Ring am Mast geführt wird, entfällt das Schoten des Segelhalses am Bug – eine interessante Variante, die auch auf größeren Booten Verwendung finden könnte.

Das Lugger-Rigg: Eine verkürzte Rah erleichtert das Handling

Vom Lateiner-Rigg führte ein direkter Weg zum Lugger- und später zum Gaffel-Rigg. Im Prinzip war ja auch das Lateinersegel luggergeriggt, denn die Rah befand sich seitlich neben dem Mast und ragte zum Bug hin über den Mast hinaus – die klassischen Merkmale der Luggerrah. Was zuerst da war – Lateiner- oder Lugger-Rigg –, darüber streiten sich die Experten, denn es gab bereits in den ersten Jahrhunderten im Orient Segelschiffe mit Lugger-Takelungen, und konstruktiv gesehen sind sowohl die Riggs früher arabischer Daus als auch der chinesischen Dschunken mit Luggersegeln ausgerüstet.

Natürlich war die kurze Rah des Luggersegels praktikabler als die lange, steile Spiere eines Lateinersegels. Auf der anderen Seite wurden die Am-Wind- und Leichtwind-Eigenschaften damit nicht gerade verbessert. Dies mag auch der Grund dafür gewesen sein, dass das Lugger-Rigg sich im europäischen Raum mehr für kleinere Boote und behäbige Arbeitsboote, wie es beispielsweise Fischereifahrzeuge sind, durchsetzte. Vor allem an den französischen und englischen Küsten wurden Fischkutter mit mehrmastigen Lugger-Riggs ausgerüstet, da die Segel sich gut unterteilen, leicht reffen und einfach handhaben ließen.

Im Gegensatz zum Lateiner-Rigg wird beim Lugger-Rigg die Rah beziehungsweise das Segelhorn nicht zum Bug hin geschotet. Die Rah wird mit einem Fall oder einer Talje bis unmittelbar zum Block am Masttopp oder einer Umlenkrolle im Topp vorgeholt. Ist dies aus riggtechnischen Gründen nicht möglich oder ist der Mast zu lang, wird ein Mastring erforderlich, der im ersten Drittel der Rah angeschlagen ist und mit der Rah hochgezogen oder abgefiert wird. Andernfalls würde die Rah und auch das Segel bei seitlichem Winddruck vom Mast abstehen.

In der Regel wird das viereckige Luggersegel auf kleineren Booten mit einem Baum ausgerüstet, der ebenfalls zusammen mit dem Segel über den Mast hinaus nach vorn ragt, so dass sich im klassischen Fall ca. 15 bis 20% der Segelfläche vor dem Mast befinden.

Die vordere Baumnock wird mit einem Stropp oder einer Talje zum Mastfuß hin dichtgesetzt, so dass das Vorliek auf Spannung kommt. Bei modernen

Für Dingis und kleine Segelboote ist das Lugger-Rigg bis auf den heutigen Tag eine ideale Takelung. Hier ist der Baum fest am Mast angeschlagen. Traditionell wird er zusammen mit dem Segel seitlich am Mast vorbeigeführt.

Die englische Neukonstruktion nach klassischen Vorbildern, Roxane, trägt ein zweimastiges Lugger-Rigg. Bei dem vorderen Boot erkennt man den Mastring, mit dem die abgefierte Rah am Mast geführt wird. Das Segel ist mit Gordings an der Rah aufgetucht. (Fotos: Schwarzlose)

Lugger-Riggs, die gewöhnlich eine steiler gestellte Rah aufweisen, kann der Baum auch mit einer Klau oder einem Lümmelbeschlag am Mast festgesetzt sein. Das Segel ragt dann in der Regel kaum noch oder nur zu einem sehr geringen Teil am Mast vorbei nach vorn.
Auf größeren Arbeitsseglern wird das Unterliek lose gefahren, ein Baum fehlt also. Hier muss der Segelhals vorlich vom Mast festgesetzt werden. Diese Art der Takelung wendet man meistens an, wenn die Luggerrah auf Am-Wind-

Kursen stets in Lee vom Mast gefahren werden soll. Bei einer Wende oder Halse wird die Rah von Hand oder mit einer Dippleine, die an der vorderen Rahnock angeschlagen ist, hinter dem Mast herum auf die neue Leeseite gezogen. Entsprechend unterscheidet man auch das feste Luggersegel (bei dem die Rah nicht gedippt wird, sondern je nach Kurs zum Wind in Lee oder Luv des Mastes steht) sowie das lose Luggersegel, bei dem die Rah stets oder überwiegend gedippt wird. Bekannteste Vertreter des losen Luggersegels sind die zweimastigen Jugend-Wanderkutter.

Das Dippen der Rah hat den Vorteil, dass das Segel in Lee des Mastes sein volles Profil behält. Steht die Rah in Luv, drückt sich der Mast in das Segelprofil, wodurch die Aerodynamik empfindlich gestört wird.

Das alles mag sich kompliziert anhören, ist es in der Praxis aber nicht. Hinsichtlich der Praktikabilität ist das Lugger-Rigg auch in heutiger Zeit immer noch eine ideale Takelage für Dingis, kleinere Jollen und Küstenkreuzer. Dies spiegelt auch der heutige Bootsmarkt wieder, denn ein Großteil der angebotenen Beiboote und Dingis trägt zur Besegelung ein Lugger-Rigg. Sein unbestreitbarer Vorteil ist, dass – im Gegensatz zum Gaffel-Rigg – nur ein Fall bedient werden muss. Auch das Reffen ist sehr gut möglich.

Für trailerbare Küstenkreuzer können der kurze Mast und die ebenfalls kurze Rah von Bedeutung sein. In gelegtem Zustand ragt keine Spiere über die Bootsenden hinaus. Moderne Materialien wie Kohlefasern oder Aluminium erlauben die Herstellung leichter Profile für Mast und Rah, so dass auch das Toppgewicht niedrig ist. Es kommt hinzu, dass bei einem Lugger-Rigg (ebenso wie beim Gaffel-Rigg) der Segeldruckpunkt niedrig liegt, so dass dieses Rigg ideal für Jollenkreuzer oder gering beballastete Kajütboote ist.

So verwundert es nicht, dass gerade in jüngster Zeit wieder vermehrt neue Bootskonstruktionen mit einem Lugger-Rigg entstanden sind. Es handelt sich hierbei fast ausschließlich um moderne Interpretationen klassischer Risse. Warum das Rigg auf schnellen Kreuzer- oder Regattayachten nicht zu finden ist, liegt in den schlechten Kreuzeigenschaften begründet. Die optimale Höhe am Wind ist um etliche Grade geringer als bei einer Hochtakelung, und wenn die Luggerrah nicht geschiftet wird, gibt es einen „guten“ und einen „schlechten“ Bug. Steht die Rah in Luv, wird die Geschwindigkeit des Bootes geringer sein.

Bei diesem klassischen Luggersegel wird die Luggerrah mit einem Ring am Mast geführt. Die Rah ist fast mittig an diesem Ring angeschlagen. Dadurch befindet sich ein verhältnismäßig großer Teil des Segels vor dem Mast. (Foto: Greiser)

Bei diesem Daysailer wird der Luggerbaum mit einer Schot getrimmt, die durchs Deck bis zum Cockpit geführt ist und vom Steuermann bedient werden kann. So lässt sich die Vorliekspannung während des Segelns variieren. (Foto: Schwarzlose)

Nur bei einer sehr steil gestellten Rah, die dann ähnlich wie die Steilgaffel beim Gunter- und Gaffel-Rigg wirkt, ist die Stellung der Rah ziemlich unerheblich, da das Segel den Mast kaum überlappt. Hier überwiegen die Vorzüge, und es lohnt sich wohl, über moderne Varianten des Lugger-Riggs nachzudenken.

Das Spriet-Rigg: Eine ausgestellte Rah erspart das Hochziehen

Ebenso alt wie das Lugger-Rigg ist das Spriet-Rigg. Es war bereits im 14. Jahrhundert, möglicherweise auch früher, im asiatischen Raum bekannt und setzte sich ab dem 15. Jahrhundert für kleinere Gebrauchsschiffe in Europa durch. 1462 findet sich das Sprietsegel erstmals in Holland abgebildet.

Das recht- oder viereckige Sprietsegel wird mit Hilfe der Spriet (in früherer Schreibweise auch sächlich: das Spriet) ausgestellt. Ist die Spriet größeren Kalibers, spricht man auch vom Sprietbaum. Er greift in der Nähe des Mastfußes an und führt diagonal zur oberen freien Segelspitze, auch Piek oder Spriethorn genannt.

Das Vorliek des Sprietsegels ist mit einer Reihleine am Mast befestigt und reicht meistens bis zum Masttopp. Bei den Arbeits- und Fischerbooten ließ man aus praktischen Gründen das Segel stets am Mast angeschlagen und geite es mit Hilfe von Gordings zum Masttopp und zum Mast hin auf. Die Spriet blieb bei größeren Riggs stets stehen, das Spriethorn wurde lediglich mit Hilfe eines Falls, das durch einen Block an der Sprietnock geführt war, gefiert oder dichtgesetzt.

Die Führung der Spriet am Mast zeigt zahlreiche Varianten. Bei den meisten Spriet-Riggs kann die Spriet mit Hilfe einer Talje, die zwischen Fußnock und einem bestimmten Anschlagpunkt am Mast geschotet ist, nach oben gedrückt werden. Dadurch wird das Spriethorn ebenfalls nach oben und außen gedrückt, wodurch Spannung in die Segelfläche kommt. Gewöhnlich wird die Spriet mit Hilfe eines Racks oder Ringes am Mast fixiert. Bei kleineren Booten und Dingis kann auf eine solche Führung verzichtet werden. Die Spriet liegt dann lose am Mast an.

Bleibt der Sprietbaum stets angeschlagen stehen, so muss seine Nock beidseitig zum Heck des Schiffes hin abgespannt werden, um ein Ausschwingen zu verhindern. Hierfür werden einpartige Taljen, die sogenannten Gaarden oder Sprietbeiholer, verwandt. Auf einen Baum für das Unterliek wurde bei den Arbeitsbooten meistens verzichtet. Die Schotblöcke wurden im Schothorn eingebunden, das Unterliek also lose gefahren. In neuerer Zeit hat sich

Mit der Optimisten-Jolle ist das Spriet-Rigg wieder modern geworden. Je nachdem wie stark die Spriet nach oben in das Spriethorn gedrückt wird, verändert sich der Trimm des Segels. (Foto: Schwarzlose)

aber bei einigen Jollen der Baum zusätzlich zur Spriet durchgesetzt, wie es beispielsweise bei der Optimisten-Jolle der Fall ist.
Die Takelungsart hatte für die Berufsseeleute etliche Vorteile. Bei einem fest angeschlagenen Sprietbaum brauchte keine schwere Spiere, wie beim Lateiner-, Lugger- oder Gaffel-Rigg, zusammen mit dem Segel am Mast emporgehievt zu werden. Im Seegang sowie beim Auf- und Abtakeln ließ sich die Spiere gut kontrollieren, sie schlug nicht und stellte daher kaum eine Gefahr für die Mannschaft sowie für die Stabilität des Mastes dar. Günstig war hier auch die Krafteinleitung des Fußpunktes der Spriet sehr tief am Mast oder sogar am Mastfuß beziehungsweise an Deck. Es gab weniger Bruch, der Mast konnte leichter verstagt werden. Auch das Toppgewicht des gesamten Riggs lag sehr niedrig.

Dreimastiges Spriet-Rigg mit Vorsegel eines englischen Fischerbootes aus der Mitte des vorigen Jahrhunderts. Interessant sind die an den Achterlieken angeschlagenen Gordings, mit denen die Segel zum Mast hin aufgegeit werden konnten.

Schließlich ließ sich die Segelfläche gut unterteilen, wenn man zwei oder drei Masten einsetzte. Auch eine Unterteilung des Sprietsegels in zwei Dreiecke war möglich, wobei der Sprietbaum die Diagonale zwischen beiden Segeln bildete.

Die klassische – auch mehrmastige – Spriettakelung kam ohne Vorsegel aus, doch gab es auch zahlreiche Bootstypen mit Spriet-Großsegel und Vorsegeln.

Die Spriet und auch das Sprietsegel muten heute altmodisch an, und man ist versucht, die Effektivität dieses Riggs infrage zu stellen. Windkanalversuche bei der Erforschung neuer Mast- und Segelsysteme für heutige, moderne Frachtsegler haben aber ergeben, dass eine viereckige, an der Piek ausgestellte Segelfläche überaus effektiv, ja unter bestimmten Bedingungen sogar der Hochtakelung überlegen ist. Diese guten Vortriebseigenschaften waren offensichtlich auch unseren Altvorderen bekannt. Wie sonst lässt es sich erklären, dass das Spriet-Rigg noch bis ins vorige Jahrhundert das beliebteste Rigg für kleinere Fischerboote und Frachtschiffe war. Vor allem im Ostseeraum fand es weite Verbreitung, aber auch in Holland, Frankreich und England sowie in Amerika.

Die größten, heute noch segelnden Frachtschiffe mit Spriet-Takelung sind die legendären Themse-Barges in England. Ich habe unlängst versucht, mit einer modernen Yacht im Solent eine restaurierte Themse-Barge auszusegeln. Der behäbige Frachtkahn ist uns bei raumen Winden auf und davon gefahren. Wie gut es sich mit dem Spriet-Rigg segeln lässt, beweist auch die größte Bootsklasse der Welt, die Optimisten-Jolle.

Vielleicht ist sie der Grund dafür, dass in den vergangenen Jahren wieder etliche Neukonstruktionen kleinerer Jollen und Daysailer mit Spriet-Rigg entstanden sind. Vor allem in den USA hat das klassische Rigg viele Fans, zumal man sich dort offenbar eher der Vorzüge bewusst ist als hierzulande. Tatsächlich ist das unkomplizierte Auftakeln mit der relativ kurzen Spriet ebenso ein Pluspunkt wie das leichte Handling des kurzen Mastes. Und hinsichtlich der Effektivität braucht sich das Sprietsegel keinesfalls hinter einem Luggeroder Gaffelsegel zu verstecken.

Das Gaffel-Rigg: Eine am Mast fixierte Rah gibt mehr Sicherheit

Wer in heutiger Zeit eine hölzerne H-Jolle auf unseren Binnenseen segeln sieht, wird sich kaum Gedanken darüber machen, dass ihr Gaffel-Rigg zu den ältesten Segelschiffstakelungen zählt. Zur Entwicklung der fest am Mast geführten Gaffel haben vermutlich verschiedene Einflüsse beigetragen. Ausschlaggebend war wohl das Lateiner-Rigg der Mittelmeerländer und des arabisch-asiatischen Raumes. Diese zwar sehr effektive, auf größeren Schiffen aber unhandliche Takelung wurde bereits im 16. Jahrhundert im europäischen

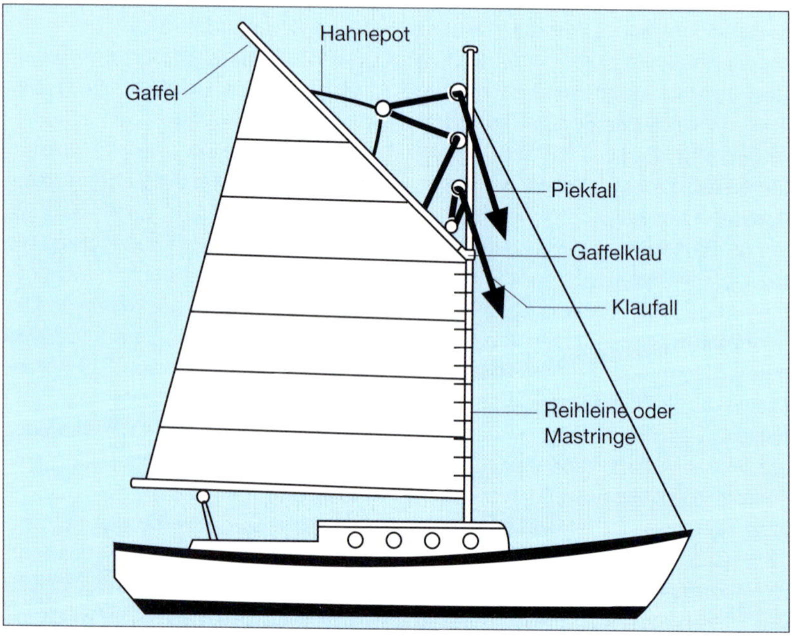

Die Gaffel wird mit Piek- und Klaufall am Mast vorgeheißt. Eine Reihleine oder Mastringe fixieren das Vorliek am Mast. Um bei schweren Gaffeln die Kräfte des Piekfalls auf die gesamte Gaffellänge zu verteilen, wird eine zusätzliche Hahnepot geriggt.

Raum, vor allem von den Holländern, variiert, indem man die durchgehende Rah teilte und ihr oberes Ende am Mast führte, auf das vordere untere Teilstück aber ganz verzichtete, wofür dann das noch heute gebräuchliche, an einem Draht- oder Tauvorstag geführte Vorsegel eingesetzt wurde.

Bei kleineren Segelschiffen mögen die bereits früher bekannten Riggformen des Spriet- und Luggersegels eine wesentliche Rolle bei der Entwicklung der fest am Mast angeschlagenen Gaffel gespielt haben. Ausschlaggebend war aber wohl das Bestreben nach einer leichteren Handhabung des Großsegels beim Setzen und Bergen sowie eine Abkehr von sperrigen beziehungsweise lose am Mast geführten Rahen und Spieren.

Das Gaffel-Rigg besteht aus dem Mast, dem Baum und der Gaffel. Die Gaffel kann gerade sein oder auch gebogen wie beispielsweise bei der H-Jolle. Sie kann lang oder extrem kurz sein, wie bei den holländischen Traditionsseglern. Und sie kann leicht oder schwer sein, was für die heutigen modernen Gaffel-Riggs von entscheidender Bedeutung ist.

Am Mast wird die Gaffel mit Hilfe der Gaffelklau, einer Art Gabel (Gaffel), geführt, die dem Rigg auch den Namen gab. Die beiden Klaubacken umschließen den Mast halbseitig. Damit die Klau sich nicht vom Mast lösen kann, wird ein Stropp vor dem Mast herum in die beiden Klaubacken eingebunden.

Am oberen Ende der Gaffel, der Piek, wird das Piekfall angeschlagen, welches die Gaffel in ihrer schrägen Position am Mast hält. Bei größeren Gaffelsegeln wird das Ende des Piekfalls mit einer Hahnepot (siehe Zeichnung) auf mehrere Anschlagpunkte auf der Gaffel verteilt.

Eine Reihleine oder hölzerne Mastringe führen das Vorliek des Gaffelsegels mehr oder weniger dicht am Mast. Die Gaffel wird beim Segelsetzen in horizontaler Position mit dem Klaufall, das oberhalb des Gaffelschuhs angeschlagen ist, soweit vorgeheißt, bis das Vorliek stramm durchgesetzt ist. Erst dann wird sie mit dem Piekfall in ihre schräge Position gebracht. Es müssen also beim Segelsetzen stets zwei Fallen ziemlich gleichmäßig durchgesetzt werden – ein häufig nicht ganz einfacher Vorgang.

Die Neigung der Gaffel bestimmt auch den Stand des Segels. Wird sie zu stark angetoppt, bilden sich senkrechte Falten. Wird sie zu weit abgesenkt, bekommt das Segel einen stärkeren Bauch oder waagerechte Falten.

Schon früh erkannten die Seefahrer, dass das Gaffelsegel die bis dato bekannten Rahsegel in der Wirksamkeit übertraf. So entwickelte sich das Gaffel-Rigg zur leistungsfähigsten Takelung kleinerer und größerer Frachtsegler, deren Krönung die im vorigen Jahrhundert gebauten sechs- oder siebenmastigen amerikanischen Handelsschoner waren. Gaffelsegel trieben auch die meisten Fischereiboote sowie die klassischen Yachtkutter und -schoner an, bis sie von der Hochtakelung, auch Bermudatakelung genannt, abgelöst wurden.

Vor allem auf Traditionsseglern, aber auch auf Jollen und Dingis hat sich das Gaffel-Rigg bis in unsere Zeit erhalten. Die Rennsegelei brachte Fortschritte. So erkannte man bald, dass sich die Kreuzeigenschaften eines Segelbootes verbessern ließen, wenn die Gaffel möglichst steil gestellt wurde. Es entstand die Steilgaffel, die eigentlich nur eine Verlängerung des relativ kurzen Mastes durch eine Art Gleitstenge bewirkt. Die Engländer nannten die Takelung Gunter-Rigg und setzten es vor allem für schnelle Jollen und Dingis ein.

Ganz allgemein gilt für das Gaffelsegel: Je steiler die Gaffel angestellt ist und je schmaler und flacher das Gaffelsegel geschnitten ist, desto höher am Wind kann das Boot gesegelt werden. Je flacher die Gaffel steht, und je breiter das Segel ist, desto schlechter sind die Kreuzeigenschaften.

Auch heute werden noch Yachten, aus modernen Materialien gebaut, mit einem Gaffel-Rigg ausgerüstet. Das hat gute Gründe: Ein Gaffelsegel hat in der Regel einen niedrigeren Segelschwerpunkt als das Großsegel einer Hochtakelung. Dies wirkt sich bei der Bemessung des Ballastanteiles aus. Setzt man für die Konstruktion des Mastes und der Spieren moderne Baumaterialien ein, wie beispielsweise Kohlefasern mit Epoxidharz oder Aluminium, so muss ein Gaffel-Rigg auch bezüglich seines Gewichtes kaum noch Nachteile gegenüber einem Hoch-Rigg haben. Vorteile ergeben sich sowohl in der Praxis als auch beim Handling und der Lagerung des Bootes. Der im Verhältnis zur Bootslänge sehr kurze Mast kann – zumindest bei kleineren Booten – ohne Kranhilfe mit Bordmitteln gesetzt oder gelegt werden. Im Winterlager lässt sich der Mast problemlos auf Böcken an Deck laschen, da in der Regel keine Überhänge (die bei manchen Hallenlagerungen nicht gestattet werden) vorhanden sind.

Die Verstagung eines Gaffelrigg-Mastes ist erheblich einfacher und damit auch billiger als bei einem Hoch-Rigg. Allerdings wird die Kostenersparnis

vermutlich wieder durch den höheren Aufwand für die Gaffel und doppelte Fallen eleminiert.
Die Probleme der Gaffelklau, die am Mast scheuert, leicht aushakt oder verkantet, können heute durch moderne Schienen- und Rutschersysteme gelöst werden. Die Gaffel wird mit Hilfe eines Travellers mit Kippgelenk auf einer Mastschiene geführt, so dass die traditionelle Klau nicht mehr notwendig ist. Vor allem bei modernen Steilgaffel-Riggs wird dieses System angewandt. Ist die Gaffel aus Kohlefasern hergestellt, lässt sich ein solches Gaffelsegel genauso leicht wie ein Hochsegel setzen, da nur ein minimal größerer Kraftaufwand erforderlich ist.
Segeltechnisch gesehen bringt eine Gaffel Vorteile vor allem bei Starkwind und bei raumen bis achterlichen Winden. Fällt eine Bö ein, so wird sie von der nachgebenden – man sagt auch: auswehenden – Gaffel regelrecht abgefedert. Der Winddruck verliert dadurch im Toppbereich des Segels an Wirkung. Auf Kursen mit achterlichen Winden kommt die angenähert quadratische Fläche des Großsegels voll zum Tragen. Die Gaffel spreizt die Segelfläche zusätzlich zum Baum in der Breite aus – optimale Bedingungen für die bestmögliche Ausnutzung der zur Verfügung stehenden Segelfläche.
Das Gaffel-Rigg hat also gegenüber dem Bermuda-Rigg nur Vorteile, könnte man folgern. Doch es hat auch Nachteile, und sie wiegen so schwer, daß der Siegeszug des Hoch-Riggs seit der Jahrhundertwende nicht aufzuhalten war. Neben der bereits angesprochenen schlechteren Höhe am Wind, die selbst bei einer Steilgaffel nicht weg zu dividieren ist, gibt es Probleme beim Trimm des Großsegels. Jeder Segelmacher kann ein Lied davon singen, wie schwer es ist, ein einwandfrei stehendes Gaffel-Großsegel zu schneidern. Und gut stehen muss es von Anfang an, denn im Gegensatz zu einem modernen Hoch-Rigg mit flexiblem, trimmbarem Mast stehen für das Gaffelsegel kaum Trimm-Möglichkeiten zu Verfügung, wenn man einmal von der Stellung der Gaffel absieht. Das Segelprofil muss schon vom Segelmacher optimal eingearbeitet sein und die größte Tiefe des Segels sich dort befinden, wo sie hingehört, nämlich im vorderen Drittel. Und da das bei der breiten Segelform nicht einfach ist, stehen viele Gaffelsegel wie Kartoffelsäcke, voller Falten unterhalb der Gaffel und mit einem viel zu tiefen und zu weit achterlich liegenden Bauch.

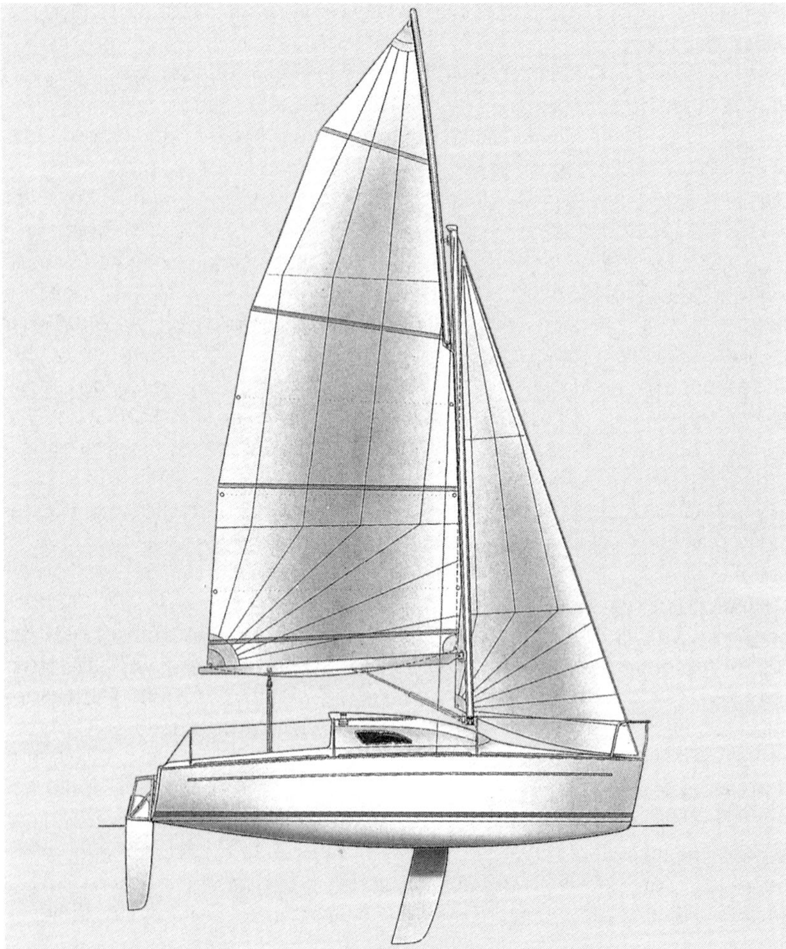

Modernes Steilgaffel-Rigg für ein 5,50 Meter langes Boot, gezeichnet von Georg Nissen. Die Gaffel wird nicht mit einer Klau, sondern mit zwei Rutschern auf einer Schiene am Mast geführt.

Ziemlich frühzeitig, nämlich bereits bei den nationalen und internationalen Jollenklassen der Vorkriegszeit, wie auch bei den Binnen- und Elb-H-Jollen wusste man diese Probleme des Trimms mit Hilfe durchgehender Segellatten zu meistern. Sie kaschieren manchen Patzer des Segelmachers, halten auch bei geringen Windstärken das optimale Profil im Segel und korrigieren die Nachteile, welche die auswehende Gaffel auf den Segeltrimm hat.

Jeder H-Jollen-Segler kennt indessen die Probleme, die beim Setzen, vor allem aber beim Bergen des Großsegels entstehen. Da muss im Gaffelbereich jede einzelne Latte gezogen werden, bevor die Gaffel ganz abgesenkt werden kann, sonst gibt es Bruch. Daher beschränkt man sich heute bei modernen Fahrten-Gaffel-Riggs auf eine Durchlattung im Vorlieksbereich unterhalb der Gaffel – ein Kompromiss, der häufig gerade im oberen Segelbereich zu Faltenbildung oder schlechtem Stand führt. Doch wichtiger ist es, dass die Latten in der unter Segelfläche sich beim Fieren von Klau- und Piekfall parallel zum Baum ausrichten, wodurch das Auftuchen keine Schwierigkeiten macht. Werden zusätzlich noch die traditionellen Lazy Jacks – seitliche, vom Mast kommende und zum Baum hin gespreizte Führungsleinen – verwandt, so kann das Gaffelsegel fast ebenso problemlos geborgen werden wie ein Hochsegel.

Dennoch sind weitere Nachteile einzukalkulieren: Aufgrund des Drucks, den die Gaffelklau auf den Mast ausübt, kann das Gaffelsegel nur dann gesetzt oder geborgen werden, wenn das Schiff genau im Wind liegt. Bei Seegang und Starkwind schlägt eine schwere Gaffel erheblich, wodurch das Verletzungsrisiko erhöht ist. Die Reihleine des Vorlieks bekneift sich gern am Mast, wenn sie vor dem Segelsetzen nicht gelockert wurde. Daher sind Mastringe vorteilhafter.

Bei Törns mit starkem achterlichem Wind wird die Gaffel extrem nach vorn gepresst, was zu kritischen Situationen oder gar Bruch führen kann, wenn nicht rechtzeitig gerefft wurde. Das Reffen selbst ist schließlich schwieriger als beim Hoch-Rigg, da zwei Fallen gefiert und wieder geholt werden müssen.

Das Hoch-Rigg: Abkehr von den kurzen Masten

Von der Entwicklung der Steilgaffel beziehungsweise dem Gunter-Rigg war es nur ein kleiner und logischer Schritt zum Hoch-Rigg. Die Steilgaffel verlängerte ja bereits den Mast in fast gerader Linie und erforderte ein steil geschnittenes, oben spitz zulaufendes Segel. Da konnte man die Gaffel ebenso gut weglassen und stattdessen den sich zum Topp hin verjüngenden Mast entsprechend verlängern.
Begünstigt wurde diese Entwicklung durch Veränderungen der internationalen Vermessungsformeln, die in der Anfangszeit des Yacht-Regattasports schmale Rümpfe mit großem Tiefgang favorisierten. Diese Rümpfe erforderten einen hohen Ballastanteil, um die notwendige Stabilität für die großen Segelflächen zu erzielen. Infolgedessen musste auch der Segeldruckpunkt tief liegen, um das krängende Moment so weit wie möglich zu reduzieren, was nur mit Hilfe einer Gaffel möglich war. Lediglich bei leichten Winden konnte mit einem separat vorzuheißenden Toppsegel eine indirekte Mastverlängerung erzielt werden.
Indem die Yachtrümpfe in der Wasserlinie breiter wurden und folglich an Formstabilität gewannen, konnte auch der Ballastanteil reduziert werden. Gleichzeitig war es möglich, höhere Masten zu riggen. Hinzu kam ein Sprung in der Bootsbautechnologie. Mit der Erfindung wasserfester Leime gelang es, Masten aus einzelnen Holzleisten hohl zu verleimen und damit leichter zu machen. Bis dato kannte man nur gewachsene Vollholzspieren und -masten. Gleichzeitig wurden die Abstagungen der Masten verbessert. Die Saling bekam eine bedeutendere Funktion für die seitliche Mastabspannung, welche erst den Bau höherer Masten ermöglichte.
Konventionelle Konstrukteure waren nach Einführung der ersten Hochsegel um die Jahrhundertwende dennoch skeptisch. Wie sollte ein relativ schmales Segel den gleichen Vortrieb bringen wie ein breites Gaffelsegel mit seinen vielen Quadratmetern an Segelfläche?
Sie machten die Rechnung ohne die verbesserte Aerodynamik. Das Hochsegel näherte sich der Form eines Vogelflügels an – wie auch sein Vorläufer, das Steilgaffel-Segel. Doch im Gegensatz zu dessen „Tragfläche“ gab es

Die moderne Yacht trägt Hochsegel: ob als Slup (Bild), ob als Kutter, Ketsch, Yawl oder Schoner. Durchgehende Latten spreizen das Hochsegel (Foto: Kiesel).

beim Hochsegel keine störenden Einflüsse durch Überlappungen von Gaffel und Mast. Die Anströmung des Segels verbesserte sich.
Die ersten Vergleichsregatten zeigten sehr schnell die Überlegenheit des Hochsegels gegenüber dem Gaffelsegel. Vor allem hoch am Wind wurden Vorteile deutlich, denn die mit einem Hoch-Rigg ausgerüsteten Yachten konnten eine deutlich größere Höhe am Wind erzielen und so besser aufkreuzen. Selbst bei leichten Winden – einer Domäne der Gaffelsegel – waren keine Nachteile erkennbar.
Dies hatten bereits lange vorher die Fischer auf den Bermuda-Inseln herausgefunden. Sie rüsteten als Erste ihre Boote mit Hochsegeln aus und erzielten bei den dort vorherrschenden leichten Winden erstaunliche Segelleistungen. Die Kunde von den schnellen Seglern ohne Gaffel gelangte über Amerika nach Europa, weshalb man das Hoch-Rigg auch Bermuda-Rigg und das Hochsegel folglich Bermudasegel nannte. In Europa bürgerte sich hingegen für die Hochtakelung der Begriff Marconi-Rigg ein, benannt nach dem italienischen Funktechniker und Nobelpreisträger Guglielmo Marconi, der 1895 die geerdete Sendeantenne und damit die Übertragung drahtloser Signale erfand. Seine hohen Sendemasten standen Pate für die Namensgebung des Marconi-Riggs, wobei die frühen Masten vielfach noch im Masttoppbereich eine an das Gaffel-Rigg angelehnte Biegung nach achtern aufwiesen.
Um 1920 setzte sich das Hoch-Rigg allgemein durch. Auf ein- und mehrmastigen Yachten, ob Schoner, Yawl oder Ketsch, wurden Hochsegel installiert.
Das dreieckige Segel ohne Spiere an seinem Oberliek, das mit einem einzigen Fall am Mast vorgeheisst wurde, begann seinen Siegeszug im Yachtsport. Eingearbeitete Segellatten stabilisierten von nun an die Ausstellung und Form des Achterlieks. Heute ermöglichen durchgehende Segellatten bei einem modernen Hochsegel eine große Achterlieksausstellung und damit die größere Segelfläche. Gleichzeitig wird die Aerodynamik erheblich verbessert, so dass das Hoch-Rigg mit seinem Hochsegel das Nonplusultra in der Riggkonstruktion darstellt.

Das Schoner-Rigg: Die Segelfläche wird ökonomisch unterteilt

Bei kaum einer anderen Segelschiffstakelung gibt es so viele Segel- und Mastvarianten wie beim Schoner-Rigg. Beschränken wir uns also zunächst auf das Rigg des klassischen Yachtschoners. Es entstand im vorigen Jahrhundert in Amerika, als gutbetuchte Herren anfingen, mit modifizierten Fischerei- und Handelsseglern Seeregatten zu veranstalten. Wesentlich trugen zu dieser Entwicklung die Rennen um den America's Cup bei, der 1851 von einer Gruppe britischer Segler als Queen's Cup gestiftet und im gleichen Jahr von dem amerikanischen Schoner AMERICA gewonnen und in die USA entführt worden war.

Ein seltener Anblick: Der Schoner VALDIVIA unter Vollzeug. Es sind alle nur möglichen Segel gesetzt: Großsegel (achtern), Toppsegel, Schonersegel, Fischermann, Stagfock, Klüver und Flieger. (Foto: Greiser)

Der Riss und das Rigg der ersten America basierten auf den guten Erfahrungen, die man mit den legendären Neufundland-Schonern gemacht hatte. Die schlanken zweimastigen und gaffelgetakelten Fischkutter waren sehr schnell – eine Voraussetzung, um den Fang in kürzester Zeit anlanden zu können. Wesentlichen Einfluss hatten auch die nach ihrem hauptsächlichen Bauort benannten Baltimore-Clipper. Die grazilen Handelssegler wurden an den Küsten auch als Zoll- und Patrouillenschiffe eingesetzt, da sie in puncto Wendigkeit und Geschwindigkeit allen rahgetakelten Schiffen überlegen waren.
Diese Fischerei- und Handelssegler trugen zwei Masten, von denen der achtere – der sogenannte Großmast – in der Regel größer war als der vordere Fock- oder Vormast. Allerdings gab und gibt es auch Schoner mit (oftmals mehreren) gleich langen Masten.
Auffällig war bei diesen Schiffen sowie bei den späteren Schoneryachten die starke achterliche Neigung der Masten. Bei den Baltimore-Clippern war sie am ausgeprägtesten. Es gibt heute unterschiedliche Ansichten darüber, warum man diese Mastneigung einführte. Unbestritten ist aber wohl die Tatsache, dass die Abstagung dadurch effektiver wurde, was vor allem für das Segeln mit raumen und achterlichen Winden mit dem meist überdimensionalen Großsegel von Bedeutung war.
Außerdem kam die Mastneigung dem Trimm des Bootes zugute. Der Segeldruckpunkt konnte weiter nach achtern verlagert werden, was bei dem langen, zum Ruder hin tiefer werdenden Kiel von Vorteil war, da auch der Lateraldruckpunkt des Rumpfes ziemlich weiter achtern lag.
Schließlich hielt sich hartnäckig die Meinung, dass weit nach achtern geneigte Masten sich vorteilhaft auf die Geschwindigkeit auswirken würden. Hier haben aber Untersuchungen gezeigt, dass dies nicht der Fall ist. Vielmehr ist der achterliche Mastfall wohl eine Frage der Ästhetik, und tatsächlich stattet man heute auch moderne Schoner aus optischen Gründen vielfach mit nach achtern geneigten Masten aus.
Aufgrund der bereits genannten Trimmverhältnisse bildete sich beim Schoner das Großsegel als Hauptsegel aus und hatte die Hauptarbeit aller Schonersegel zu leisten, die auf Yachten in der Regel aus Groß- und Schonersegel, Fock und Klüver bestehen. Das am Fockmast gefahrene Schonersegel kann ebenso wie das Großsegel hoch- und gaffelgetakelt sein. Entsprechend wird

die letztere Version als Gaffelschoner bezeichnet, die sowohl zwei- als auch mehrmastig sein kann. Zur Unterscheidung spricht man dann von Drei- oder Viermast-Gaffelschonern. Ist der Fockmast rahgetakelt, haben wir es mit einer Schonerbrigg oder Brigantine zu tun.

Auch die Schonerketsch ist bekannt, allerdings wurden mit diesem heute seltenen Rigg nur dreimastige Fischerboote ausgerüstet, bei denen der achtere, auch Schonerbesan genannte Mast deutlich kürzer als die beiden vorderen Masten war.

Das am Fockmast gefahrene Schonersegel kann wie bei einer Spreizgaffel-Ketsch in zwei Stagsegel unterteilt sein. Allerdings wird die Spreizgaffel-Ketsch nur dann zum Spreizgaffel-Schoner, wenn der achtere Mast wiederum höher als der vordere Mast oder zumindest gleich groß ist und die größere Segelfläche aufweist.

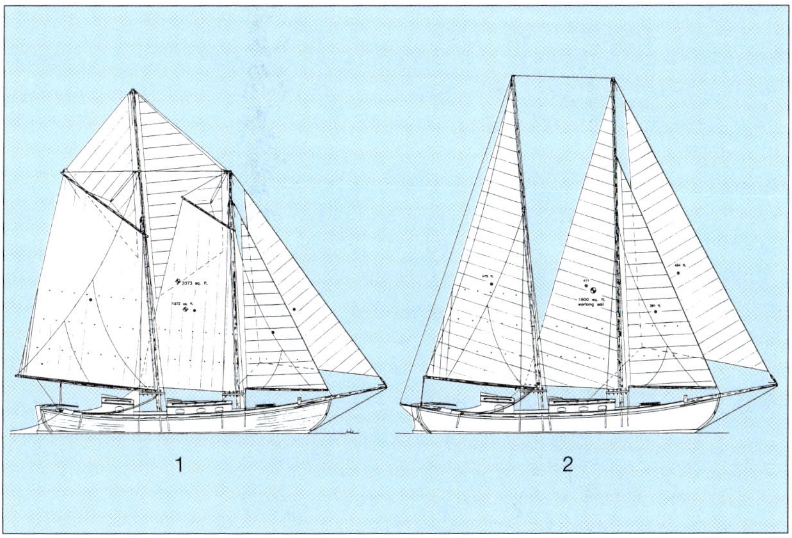

Zwei Möglichkeiten, eine traditionelle Schoneryacht (Entwurf Buehler, USA) zu riggen:

1 Gaffelsegel, höherer Großmast, Toppsegel, Fischermann, Fock und Klüver.

2 Hochtakelung, gleich hohe Masten, Fock und Klüver.

Auch heute noch gilt ein stilecht getakeltes Schoner-Rigg als Königin unter den klassischen Riggformen. So ist denn auch der Anblick einer Schoneryacht immer wieder beeindruckend. Warum es dennoch für moderne Yachten kaum noch verwendet wird, hat mehrere Gründe. Erst einmal ist die Handhabung des meist riesigen achteren Großbaums äußerst schwierig, speziell, wenn das Großsegel gaffelgetakelt ist. Man kann sich leicht vorstellen, welche Kräfte bei einer Halse gebändigt werden müssen.
Zum anderen wurden mit der Einführung moderner Rumpfformen die Lateral- und Segelschwerpunkte nach vorn verlegt, um die Kreuzeigenschaften zu verbessern. Unter allen mehrmastigen Riggformen für Yachten hat der Schoner die schlechtesten Am-Wind-Eigenschaften. Schließlich lässt sich das Schoner-Rigg regattatechnisch kaum einsetzen, da es in den aktuellen Vermessungsformeln entweder nicht berücksichtigt oder nachteilig behandelt wird.
So sind es wiederum die kleinen Fun-Boote, die, als offene Daysailer eingesetzt, der Crew viel Segelspaß mit einem Schoner-Rigg vermitteln. In Amerika halten etliche Konstrukteure Baupläne für Schoner-Fans bereit. Auch kleine Kajütboote sind darunter, häufig den Linien der großen Traditionsschiffe nachempfunden.
Aber auch bei den Dinosauriern unter den modernen Fahrtenyachten, den sogenannten Maxi- und Megayachten, tauchen wieder Schoner-Takelungen auf. Hier macht man sich die moderne Technik zunutze, denn mit hydraulischen und elektrischen Winschen, mit Rollanlagen und computergesteuerten Baumniederholern lassen sich die Kräfte perfekt beherrschen. So ziehen denn diese stolzen, hochgetakelten Schoneryachten über die Weltmeere, und wo sie auftauchen, werden sie gewiss ebenso bewundert wie einst ihre Vorfahren, die Schoner zu Beginn der Ära des America's Cups.

Das Ketsch-Rigg: Anderthalb Masten für eine kleine Crew

Bereits in der frühen Schifffahrt und Fischerei versuchten die alten Schiffbaumeister, die Segel praktikabel zu gestalten. Das heißt, man bemühte sich, die für den Vortrieb des Bootes erforderliche Segelfläche soweit wie möglich zu unterteilen, damit die einzelnen Segel von wenigen Seeleuten leicht gesetzt oder geborgen werden konnten. Die Abkehr vom einmastigen Schiff mit einem einzigen großen Rahsegel, wie es auf den Wikingerschiffen oder Hansekoggen verwandt wurde, bedeutete das Riggen mehrerer Masten, denn nur so ließ sich die nun mehrfach unterteilte Segelfläche setzen. Da die Schiffe – und damit ihre benötigte Segelfläche – immer größer wurden, entstanden zwei- und dreimastige, später dann vielmastige Schiffe, die von einer relativ kleinen Crew gehandhabt werden konnten.
Mit der Entwicklung des Yachtsports standen die Eigner vor ähnlichen Problemen. Zwar dominierten bis zur Jahrhundertwende die aus der Berufsschifffahrt entwickelten großen Kutteryachten, deren Besitzer es sich leisten konnten, die riesigen Segelflächen von zwei Dutzend Yachtmatrosen bändigen zu lassen, doch mit dem Beginn der Fahrtensegelei und der Konstruktion kleinerer Yachten ließ sich eine große Crew weder an Bord unterbringen noch bezahlen. Entsprechend begann man auch auf den Yachten die Segelfläche weiter zu unterteilen, und es entstand die anderhalbmastige Ketsch. Ihr Name ist vermutlich von einem englischen Küstensegler, der „Ketch", abgeleitet, dessen Bezeichnung wiederum auf das englische „to catch" zurückzuführen ist.
Die Ketsch unterscheidet sich von der Yawl (siehe nächstes Kapitel) durch die Platzierung des Besanmastes: Nur wenn er vor dem hintersten Punkt der Konstruktionswasserlinie (CWL) und im allgemeinen vor dem Ruder steht, trägt das Boot die Bezeichnung Ketsch zu Recht. Als kleine Eselsbrücke zur Unterscheidung von Yawl und Ketsch habe ich mir einen Satz eingeprägt: Wenn man am Ruder oder an der Pinne steht und vor sich den achteren Mast „catchen" kann, handelt es sich um eine Ketsch.
Mit dem Riggen eines zweiten Mastes ergab sich die Möglichkeit, ein zusätzliches Segel zu führen. Zwischen dem Besan und dem Großmast konnte an

Die Ketsch des Autors unter Genua, Großsegel und Besan – eine klassische Yacht, modern aus Kunststoff gebaut. (Foto: Schwarzlose)

einem nach Bedarf zu setzenden Besanstag ein dreieckiges Besanstagsegel aufgezogen werden, welches in Lee das Großsegel überlappte und folglich nur bei raumen bis achterlichen Winden gefahren werden konnte.

Aus dem früheren Raumballon, einer besonders voluminös geschnittenen Genua (die heute als Reacher zu neuer Popularität gekommen ist), entwickelte sich der Spinnaker. So trägt eine optimal besegelte Ketsch bei achterlichen Winden mittlerer Stärke Großsegel, Besan, Besanstagsegel, Kreuzfock und Spinnaker.

Entsprechend großartig ist der Anblick einer klassischen Ketsch unter Vollzeug, und für manchen Segler ist eine Yacht mit dieser Takelung der Inbegriff seemännisch anspruchsvoller Fahrtensegelei. Ich selbst habe eine kleine, bildhübsche Ketsch von zehn Metern Länge besessen und trauere noch heute dem Schiff nach.

Ich habe es letztendlich aus demselben Grund verkauft, der zum Niedergang der Ketsch-Takelung führte. Die günstige Unterteilung der Segelfläche ist eindeutig auf der Habenseite zu verbuchen. Vor allem bei Sturm und Starkwind schwören Ketsch-Eigner auf das (vermeintlich) ruhigere und sicherere Segeln nur unter Besan und Fock. Das Großsegel wird dabei ganz geborgen. Heute kann man in Anbetracht der modernen Reffsysteme und der Einführung durchgehender Segellatten diesen Vorteil nicht mehr geltend machen. Ein auch gerefft erstklassig stehendes Großsegel verleiht einer Yacht in Verbindung mit einer speziellen Schwerwetterfock allemal bessere Segeleigenschaften bei Starkwind als eine Verteilung der Segelfläche auf Fock und Besan, da die Segeldruckpunkte sich nahe dem Lateraldruckpunkt sowie dem Gewichtsschwerpunkt des Bootes konzentrieren und die aerodynamischen Bedingungen günstiger sind.

Die Nachteile einer Ketsch-Takelung wiegen ungleich schwerer als die Vorteile. Auf Am-Wind-Kursen befindet sich das Besansegel stets im Abwind des Großsegels und beginnt frühzeitiger als das Groß zu killen. Der Besanbaum muss fast mittschiffs dichtgesetzt werden, damit das Segel hoch am Wind voll steht, was aber die Vortriebseigenschaften stark schmälert, unter Umständen sogar aufhebt. Man sieht daher häufig Ketschen, bei denen auf Kreuzkursen das Besansegel gar nicht gesetzt wird. Entsprechend ist eine Ketsch beim Kreuzen einer gleichartigen, slupgeriggten Yacht stets unterlegen.

Minuspunkte muss die Ketsch im Vergleich zur Slup auch in Bezug auf das Handling verbuchen. Es bedeutet für eine kleine Crew wesentlich mehr Arbeit, das Großsegel, das Besansegel und eventuell noch das Besanstagsegel zu setzen, als ein einziges Großsegel zu bedienen. Die Bezeichnung „Groß" ist heute relativ, denn moderne Großsegel-Rollanlagen, Lazy Jacks und durchgehende Segellatten machen das Segelsetzen und -bergen auch für eine Familiencrew oder für ältere Menschen praktikabel.

Es müssen bei einer Ketsch nicht nur mehr Schoten bedient werden, auch das Halsen ist ungleich problematischer. Der Besan steht häufig mitten im Cockpit, engt dort den Platz ein oder behindert den Niedergang zur Kajüte. Auf einigen Ketschen lässt sich keine Spritzkappe setzen, da der Besan sehr dicht an der Kajütsrückwand steht. Auch das Aufbauen einer geschlossenen Cockpitpersenning, der sogenannten Kuchenbude, ist erheblich erschwert.

Außerdem erfordert das Auf- und Abriggen vor und nach dem Winterlager sehr viel mehr Zeit und Mühen. Schließlich wollen zwei Masten mit ihrem umfangreichen stehenden und laufenden Gut gewartet werden. Es versteht sich von selbst, dass auch aus Kostengründen eine einmastige Yacht vorzuziehen ist.

Warum trotz all dieser Nachteile heute wieder modernste Ketschen in Hightechausführung konstruiert und gebaut werden, hat andere Gründe. Längst haben Profisegler erkannt, dass eine Yacht mit Ketsch-Rigg im Vorteil gegenüber ihren einmastigen Konkurrenten ist, wenn es darum geht, möglichst schnell die einzelnen Etappen der großen Round-the-World-Regatten zurückzulegen – sofern sie auf den klassischen Handelsrouten der alten Windjammer überwiegend mit achterlichen Winden gesegelt werden. An zwei Masten lässt sich mehr Segelfläche unterbringen, sofern dies nach den jeweils gültigen Vermessungsformeln möglich ist, und die großen Rundungen im Achterliek aufgrund der durchgehenden Segellatten bringen zusätzliche (unvermessene) Segelfläche.

Aus dieser Erkenntnis lässt sich ableiten, dass ein Ketsch-Rigg für das Blauwassersegeln mit langen Törns durchaus keine schlechte Wahl ist. Hier wer-

Für Maxi-Rennyachten, die an den großen Hochsee- und Weltregatten teilnehmen, hat man das Ketsch-Rigg wiederentdeckt, wie hier für die Maxi-Yacht Merit Cup. (Foto: Borlenghi)

Mini-Ketsch Explorer *II aus England: Typischer offener Daysailer für vier bis fünf Personen zum Segelnlernen und für Tagestörns (Foto: Werft).*

den ja nicht ständig Segel gewechselt, man kann sich für die Manöver Zeit lassen und die einzelnen Segel optimal an die gerade herrschenden Wind- und Wellenverhältnisse anpassen. So favorisieren Langfahrtsegler vielfach noch eine Ketsch-Takelung für größere Yachten.
Doch auch bei der Kleinboot-Konstruktion findet das Ketsch-Rigg wieder Eingang. Vor allem in Amerika entstanden auf den Bildschirmen der Designer in den letzten Jahren zahlreiche Dingis und offene Jollen, die zur Kategorie der Daysailer oder, wie man heute sagt, zum Bereich der „Fun-Boote" gehören. Gerade bei offenen Booten, die für Schulungszwecke oder für das Freizeitsegeln mit mehreren Personen an Bord eingesetzt werden, kann ein Ketsch-Rigg viel Spaß bringen. In den USA, aber auch in Europa, werden zur Zeit zahlreiche Mini-Ketschen mit traditionellen Linien als Baupläne angeboten, die nicht nur gut aussehen und gut segeln, sondern der Crew auch einen gehörigen Segelspaß vermitteln.

Das Yawl-Rigg: Ein Segel am Heck stützt den Kurs

Unter den Marinehistorikern gibt es unterschiedliche Meinungen darüber, welches Rigg eher eingeführt wurde: die Ketsch-Takelung oder die Yawl-Takelung. Vermutlich wurden beide Riggformen in den Anfängen des Yachtbaus etwa gleichzeitig eingesetzt, wobei eine Unterscheidung erst mit Einführung der Regattaklassen beziehungsweise Vermessungsformeln relevant wurde.
Auch bei der Yawl stand der Wunsch, die Segelflächen zu unterteilen und damit die Segelbedienung für eine kleine Crew einfacher zu gestalten, im Vordergrund. Die Aufstellung des Besanmastes ganz am Heck der Yacht hatte aber noch andere Gründe. Die damaligen extrem schwerfälligen Yachten ließen sich mit dem in Relation zur Kiel- und Rumpflänge häufig sehr kleinen Ruder nur mühsam manövrieren und schwer durch den Wind bringen. Man brauchte also eine Art Steuersegel, das die Drehbewegung der Yacht beim Einleiten einer Wende unterstützen konnte. Außerdem verhalf ein weit achtern stehendes Steuersegel vor allem bei leichten Winden der Yacht zu einer aus-

Eine Hochseeyawl bei Starkwind unter gerefftem Groß, Besan, Baumfock und hochgeschnittener Stagfock. (Foto: Greiser)

geglichenen Ruderlage, so dass der Rudergänger weniger Kraft am Ruderrad aufbringen musste. Briste es mehr auf, so dass sich durch die nun entstehende Krängung der Lateral- und Segeldruckpunkt verschoben und die Yacht luvgieriger wurde, konnte das kleine Besansegel leicht geborgen werden, so dass das Schiff wiederum ausgeglichen auf dem Ruder lag. Im Sturm und bei geborgenem Großsegel half der weit achtern stehende Besan außerdem, die Yacht unter Sturmvorsegeln am Wind zu halten.
Aufgrund dieser Steuer- und Trimmfunktionen wurde der Yawlbesan auch Treiber genannt. Je weiter der Mast nach achtern versetzt wurde, desto besser konnte er seine Aufgaben erfüllen. Die Konstrukteure stellten den Yawlbesan daher auf das Heck, bei älteren Yachten mit Plattgatt sogar direkt auf den Spiegel. Diese Position führte mit Einführung der RORC-Regatta-Vermessungsformel auch zu dem wichtigsten Unterscheidungsmerkmal zwischen

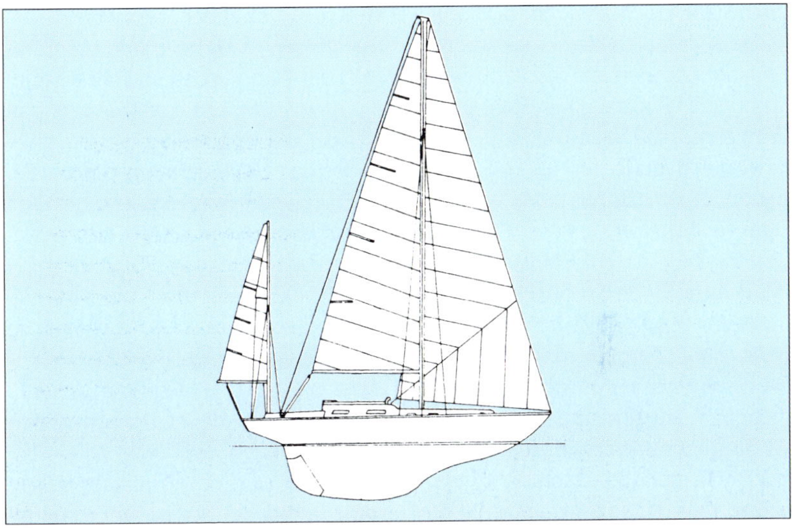

Eine Yawl mit typischem anderthalbmastigem Rigg. Der Lateralplan dieser älteren Hochseeyacht ist noch ungeteilt, das Ruder in den Langkiel integriert. (Zeichnung: „Seemannschaft")

Yawl und Ketsch: Der Besan musste hinter dem achtersten Punkt der Konstruktionswasserlinie stehen. Nur dann wurden Vermessungsvorteile gewährt, und es durfte beispielsweise ein nicht in der Formel berücksichtigtes Besanstagsegel gefahren werden.
Bis zu diesen Zeitpunkt galten für die Bewertung einer Yawl die Position des Ruders beziehungsweise des Ruderschaftes und der Platz des Rudergängers. Diese mußten sich vor dem Besanmast befinden – eine Klassifizierung, die heute nur noch eingeschränkt gültig ist, denn es gibt moderne Yawl-Konstruktionen, vor allem im Kleinbootbereich, bei denen der Rudergänger zwar vor dem Besanmast sitzt, das Ruder (oder die Doppelruder) aber am Spiegel, also hinter dem Mast, aufgehängt sind.
In den Anfängen des Yachtbaus wurden sowohl das Großsegel als auch der Besan an einer Gaffel gefahren. Später dann setzte sich – wie bei der Ketsch

auch – die Hochtakelung für beide Segel durch, wobei der Yawlbesan überwiegend deutlich kleiner als der Ketschbesan war – und bei modernen Konstruktionen noch ist. Die Gründe liegen auf der Hand, denn so weit achtern lässt sich nun mal eine größere Segelfläche nicht unterbringen, und es gibt Probleme, die Kräfte der Besanschot aufzufangen. Schließlich ragt bei einer Yawl der Besanbaum ein ganzes Stück über das Heck hinaus, so dass der Beschlag für den Fußblock nicht mehr an Deck installiert werden kann. Eine Heckverlängerung in Form eines nach achtern über den Spiegel hinausragenden Baumes ist erforderlich, der früher aus Holz, später aus Stahlrohr und heute aus modernen Kohlefaserwerkstoffen hergestellt wird. Die Seeleute nannten diese Spiere früher scherzhaft „Papageienstock", weil ihre – häufig gebogene – Form an ein Aufsitzholz für Papageien erinnerte.

Da die Vermessungsvorteile des Yawlbesans bei den heutigen Formeln nicht mehr relevant sind und die Trimmung einer modernen Yacht aufgrund effektiver Ruder und kurzer Kiele keine Probleme mehr macht, werden heute kaum noch yawlgeriggte Yachten konstruiert. Zu groß sind die Probleme in den engen Yachthäfen mit dem achteren Ausleger und dem – aus optischen Gründen meist ebenfalls erforderlichen – Klüverbaum. Außerdem gelten für eine Yawl die gleichen Kriterien wie für die Ketsch hinsichtlich Mastpflege, dem Auf- und Abriggen sowie der Segelbedienung auf See.

Eine gewisse Bedeutung hat das Yawlrigg indessen immer noch – oder gerade wieder – für die Kleinboot-Konstruktion. In England und den USA gibt es einige Designer, die sich dem Entwurf kleiner Kajütyachten mit Yawl-Rigg widmen. Zu ihnen gehört der Amerikaner Philip Bolger, dessen Knickspant-Konstruktionen zwischen etwa fünf und sieben Metern Länge hauptsächlich für den Selbstbau ausgelegt sind. In England werden eine ganze Reihe kleiner Daysailer mit klassischen Linien in moderner Kunststoffbauweise gefertigt, allesamt mit einem Yawlrigg getakelt. Bekannteste Vertreter sind die Drascombe-Lugger, die auch bei uns einige Verbreitung erfahren haben.

Dabei geht es den Werften und Konstrukteuren nicht allein um die Optik. Gerade auf kleinen und leichten Boden ist eine Unterteilung der Segelfläche sinnvoll. Der Segelschwerpunkt wandert nach unten, wodurch das Boot eine bessere Schwimmstabilität gewinnt und nicht so leicht kentert. Es lässt sich eine größere Segelfläche als bei einer Slup-Takelung unterbringen, und die

Raumwind-Eigenschaften sind besonders günstig. Da bei der Yawl-Takelung der Treibermast ganz achtern steht, wird der ohnehin knappe Platz im Cockpit nicht beschnitten. Letztendlich spielt auch der größere Segelspaß eine wichtige Rolle. Wird der Daysailer von mehreren Personen gesegelt, so kann jeder „sein" Segel bedienen. Beim Drascombe-Lugger sind es mit Fock und Klüver immerhin vier.
So ist die Yawl-Takelung vor allem in den englischsprechenden Ländern wieder zu Ehren gekommen. Zwar sind es überwiegend moderne Interpretationen klassischer Arbeitsboote, die heute in GFK gefertigt werden, doch tauchen hin und wieder auch Boote aus dem sogenannten Fun-Bereich auf, bei denen die Konstrukteure die Möglichkeiten moderner Materialien genutzt haben: Masten und Spieren aus Kohlefaser, Gabelbäume aus dem Surfbereich, Foliensegel mit durchgehenden Latten. Die gute alte Yawl-Takelung ist also noch lange nicht tot, sie wird heute nur anders genutzt.

Das Spreizgaffel- oder Wishbone-Rigg: Vom Hühnerknochen zur Segelspiere

Im Gegensatz zur jahrhundertealten Gaffel wurde ihre Verwandte, die Spreizgaffel, erst recht spät, nämlich um 1920, in den Yachtbau eingeführt. Erfinder ist der berühmteste Yachtkonstrukteur der Welt, der Amerikaner Nathaniel Herreshoff. Er ersetzte die Gaffel bei einem Schoner-Rigg durch zwei nebeneinander liegende nach außen gebogene Spieren, die an den Enden verbunden waren. Da ihre Form ein wenig an einen speziellen Hühnerbrustknochen, den die Amerikaner „Wishbone" nennen, erinnerte, nannte er die Spiere „Wishbone-Gaff".
Ebenso wie die konventionelle Gaffel diente sie zur Ausstellung des Großsegels, wobei dieses aber nicht fest an der Spreizgaffel angeschlagen war, sondern mit einem sogenannten Hornausholer zur Nock hin gespannt wurde. Je nachdem, wie stark diese Spannung war, erhielt das Großsegel eine mehr oder weniger starke Wölbung, wodurch sich die Aerodynamik des Profils wirksam verändern und den jeweiligen Windverhältnissen anpassen ließ. Das

G
65

Großsegel war also durch diesen Trick erstmals trimmbar – eine Revolution in der Entwicklung des Gaffelsegels.
Und noch etwas war bemerkenswert: Im Gegensatz zum mehr rechteckigen Gaffelsegel, dessen Höhe durch die Gaffel begrenzt war, ließ sich das Großsegel nun durch die beiden „Knochen" des Wishbones hindurch bis zum Masttopp vorheißen. Zur besseren Handhabung verzichtete man auf einen Großbaum und führte das Unterliek im spitzen Winkel unten wieder zum Mast, so dass das Großsegel das Aussehen einer umgekehrt gesetzten Fock bekam, segeltechnisch gesehen also ein Stagsegel war. Die verloren gegangene Segelfläche in dem dreieckigen Raum zwischen Großsegel und Besan wurde mit einem weiteren Stagsegel ausgefüllt, das über den Topp des Besanmastes vorgeheißt beziehungsweise abgefiert wurde.
Die Großschot führte von der Nock der Spreizgaffel ebenfalls über den Topp des Besans am Mast hinunter auf eine Schotwinsch.
Die Vorteile des „Hühnerknochens" lagen auf der Hand. Die Segelfläche wurde noch weiter unterteilt und ließ sich nun von einer kleinen Crew auf größeren Yachten problemlos bedienen. Die Gaffel brauchte beim Segelsetzen oder Segelbergen nicht mehr mühsam aufgeholt oder abgesenkt werden, sondern konnte in ihrer optimalen Position am Mast verbleiben. Man musste ja nur Ausholer und Fall fieren, und schon ließ sich das Großsegel wie bei einer Hochtakelung bergen. Das gefürchtete Schlagen einer schweren Gaffel ließ sich durch den Ansatz der Großschot an der Gaffelnock bannen. Auf Reihleine oder Mastringe, die eine schlechte Anströmung des Vorlieks bewirkten, konnte ebenso verzichtet werden wie auf ein extra zu setzendes Toppsegel, wie es bei einem konventionellen Gaffel-Rigg bei leichten Winden erforderlich war.
Wichtigster Vorteil schien aber die bereits erwähnte bessere aerodynamische Form zu sein, und tatsächlich segelten die damaligen Spreizgaffel-Ketschen und -Schoner ihren mit einer konventionellen Gaffel geriggten Konkurrenten auf und davon, so dass sich bald Nachahmer fanden.

Die Traditions-Ketsch SENTA ist wohl die berühmteste deutsche Yacht mit einem Spreizgaffel-Rigg. Hier segelt sie unter Vollzeug mit Klüver, Baumfock, Wishbone-Stagsegel, Besanstagsegel und Besan. (Foto: Schur)

Doch die grazile Spreizgaffel hatte auch Nachteile: Der Druck, den das Großsegel über die Ausholung und Schotung an der Nock ausübte, war bei Starkwind enorm, so dass die beiden Spreizen auseinander federten und im Extremfall brachen. Daher mussten die Spieren sehr stark gebaut werden, was wiederum mehr Gewicht in den Masttopp brachte. Es eigneten sich nur Ketsch- oder Schoner-Riggs für die Installation, denn der Besanmast musste ausreichend hoch, stark gebaut und sicher abgestagt sein, um die Kräfte der am Besantopp angreifenden Großschot abfangen zu können – eine Aufgabe, der ein kleiner und weit achtern stehender Yawlbesan nicht gewachsen war.
Die Bedienung des Großsegels war durch Ausholer und Schotumlenkung recht umständlich, und sie wurde es noch mehr, als man dazu überging, die Spreizgaffel nun doch wieder mit dem Segel abzufieren oder hochzuziehen. Schließlich machte die Unterteilung der Segelfläche in Groß- und Stagsegel den Vorteil der besseren Trimmbarkeit zum Teil wieder zunichte, da durch den entstehenden Spalt zwischen beiden Segeln und durch zwei unabhängige Anströmkanten viel Energie verloren ging.
So war es nicht verwunderlich, dass das Wishbone-Rigg nicht mit der sich nun zügig entwickelnden Hoch-Takelung Schritt halten konnte. Ein höherer Mast mit ungeteilter Segelfläche war eben wesentlich effektiver, so dass alle Konstrukteure wieder Abschied von der Wishbone-Gaffel nahmen.
In Deutschland wurde die hierzulande nach amerikanischem Riss gebaute Spreizgaffel-Ketsch VAMARIE bekannt, die zahlreiche Hochseerennen gewann und 1935 bei der siebten Atlantik-Regatta den zweiten Platz belegte. Ältester noch aktiv segelnder Zeuge der Wishbone-Ära in Deutschland ist die Bremer Yacht SENTA, die 1936 von einer Gaffel-Ketsch zu einer Spreizgaffel-Ketsch umgetakelt wurde. Auch die bei Abeking & Rasmussen gebaute Hamburger Yacht WANDELAR, heute STELLA, ist mit ihrem filigranen Wishbone-Rigg und schlanken Rumpf eine Augenweide für Shiplover. In den USA und England erinnern ebenfalls noch einige liebevoll restaurierte Spreizgaffel-Ketschen an diese Eskapade des Yachtbaus, wobei ihre Eigner nach wie vor auf die Vorteile der geteilten Gaffel schwören. Im Grund ist es wohl nur eine Reminiszenz

Blick vom Fuß des Besanmastes in ein Spreizgaffel-Rigg: Der Gabelbaum greift am Großmast an und wird zum Besantopp (links oben) geschotet. (Foto: Yacht)

an die Tradition, und tatsächlich sieht ein Spreizgaffel-Rigg mit seiner ausgewogen verteilten Segelfläche und den eng beieinander stehenden Masten immer noch wunderschön aus.
Dass der Wishbone dennoch wieder zu Ehren kommen sollte, allerdings in etwas anderer Funktion und Riggung, werden wir in einem der nächsten Kapitel bei der Betrachtung des Gabelbaumes erfahren.

Das Dschunken-Rigg: Ein Segelfächer mit vielen Latten

Das aus China stammende Segel wird korrekt als chinesisches Luggersegel bezeichnet. Eingebürgert hat sich aber die Bezeichnung Dschunkensegel. Das Rigg zählt ebenfalls zu den ältesten Schiffstakelungen der Welt, doch beschränkte sich seine Verwendung auf die Meere des chinesischen Einzugsbereiches. Erst in diesem Jahrhundert wurde man sich auch in westlichen Ländern der Vorzüge dieses raffinierten Riggs bewusst, und es entstanden zahlreiche Varianten für den Einsatz auf Yachten aller Art.
Vielleicht wurde das Dschunkensegel aus der Not geboren, denn ein wesentliches Kriterium sind die zahlreichen, in kurzen Abständen meistens parallel zum Unterliek eingearbeiteten Segellatten, die beim Original-Dschunken-Rigg aus Bambusstangen bestehen. In früherer Zeit waren Tuche zur Herstellung eines Segels für die meist armen chinesischen Schiffer unerschwinglich. Man musste auf geflochtene Segel aus Schilf oder anderen Pflanzenarten ausweichen, die in kurzen Abständen eine Stütze brauchten, um nicht die Fasson zu verlieren oder gar zu reißen. Dies mag der Grund für die kurzen Lattenabstände gewesen sein, die allerdings bis heute beibehalten wurden, da sie sich gleichzeitig positiv auf die Aerodynamik und Handhabung des Segels auswirken.
Zur Luggerrah hin wird die oberste Segellatte gewöhnlich angewinkelt, wobei ihr Fußpunkt mit der vorderen Nock der Luggerrah zusammentrifft. Dies ermöglicht eine weite Ausstellung des Segelachterlieks auch im oberen Bereich, also eine große Achterlieksrundung, was wiederum dem Vortrieb des

Eine Yacht-Dschunke mit einem Dschunken-Schoner-Rigg und abgestagten Masten. Heute werden auch moderne Yachtkonstruktionen als Dschunken-Schoner getakelt. (Foto: Yacht)

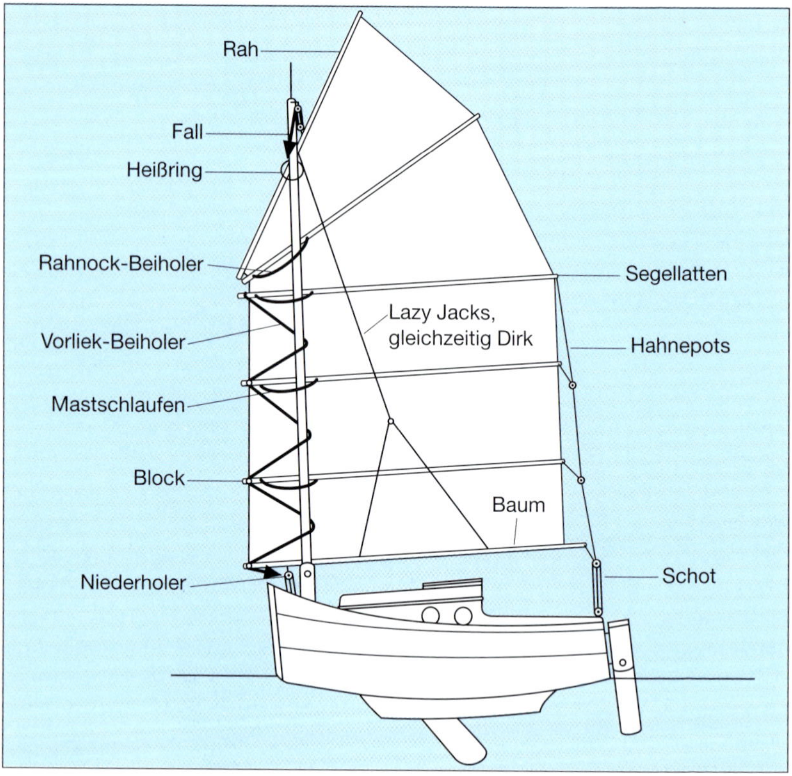

Entwurf eines 6 Meter langen Küstenkreuzers von Roland Spellier mit Dschunken-Rigg. Fall, Reihleine und Reffleinen werden nach achtern zum Cockpit geführt, so dass bei Segelmanövern niemand aufs Vordeck braucht.

Segels zugute kommt. Es gibt jedoch zahlreiche Varianten, und bei manchen Dschunkensegeln sind die Latten über den gesamten Segelbereich aufgefächert, verlaufen also nicht parallel zum Unterliek.

Die Schotung des Dschunkensegels wirkt auf den ersten Blick kompliziert, ist es aber im Prinzip nicht. Kurze Hahnepots verbinden jeweils die Enden zwei-

er Latten. Über einen Block ist jede Hahnepot mit der Nächstliegenden verbunden, wobei die unterste Hahnepot auf den Schotblock an Deck geführt ist. Bei manchen Dschunkensegeln wird auch jede einzelne Hahnepot über einen Block auf eine separate Schot geführt, die dann, zusammen mit den anderen Schoten, auf dem oberen Großschotblock an Deck münden. Der Skipper muss letztendlich – wie bei der modernen Hochtakelung auch – nur eine Schot bedienen, um die Segelstellungen zu kontrollieren.
Wie die Bezeichnung chinesisches Luggersegel es schon andeutet, befindet sich ein Teil der Segelfläche vor dem Mast, der meist unverstagt ist. Mit dem Anteil des vorderen Überstandes lässt sich der Trimm des Bootes beeinflussen. Je nach dem, wie weit die Gesamtsegelfläche nach vorn oder achtern versetzt ist, wird das Boot luv- oder leegieriger. Um diese Regulierung zu erreichen, muss jede einzelne Latte so am Mast fixiert sein, dass sie nach vorn oder achtern verschoben werden kann. Dazu dienen kurze Leinenbuchten, die an der vorderen Lattennock angreifen, seitlich um den Mast herumführen und so weit nach achtern reichen, wie das Segel maximal vorgeholt werden soll.
Zur eigentlichen Regulierung der Vor- oder Achterstellung des Segels dient eine durchlaufende Reihleine, auch Vorliekbeiholer genannt, die durch Blöcke an den vorderen Lattenenden läuft und jeweils um den Mast herumführt. Je nach dem, ob die Reihleine an Deck dichtgeholt oder gefiert wird, verschiebt sich der Schwerpunkt des Dschunkensegels nach vorn oder achtern.
Zu diesem Prinzip der Segelaufhängung gibt es zahlreiche Varianten. So verzichten einige Riggkonstrukteure auf die Lattenbuchten und bedienen sich nur einer Reihleine. Oder aber es wird gänzlich auf eine Reihleine verzichtet, und der „Vorflügel" des Dschunkensegels vor dem Mast wird nur durch eine unterschiedliche Schrägstellung des gesamten Segels erreicht, indem man mit einer Talje zwischen der Vornock der untersten Latte und dem Mast das gesamte Segel nach achtern zieht.
In der Regel sind aber die Druckpunkte und damit der Trimm des Bootes fixiert, so dass das Segel mit der Reihleine stets soweit wie erforderlich an den Mast geholt wird. Zum Auf- und Abtakeln wird die Leine entsprechend gelockert, beziehungsweise die Buchten bekommen beim Fieren des Segels automatisch Lose.

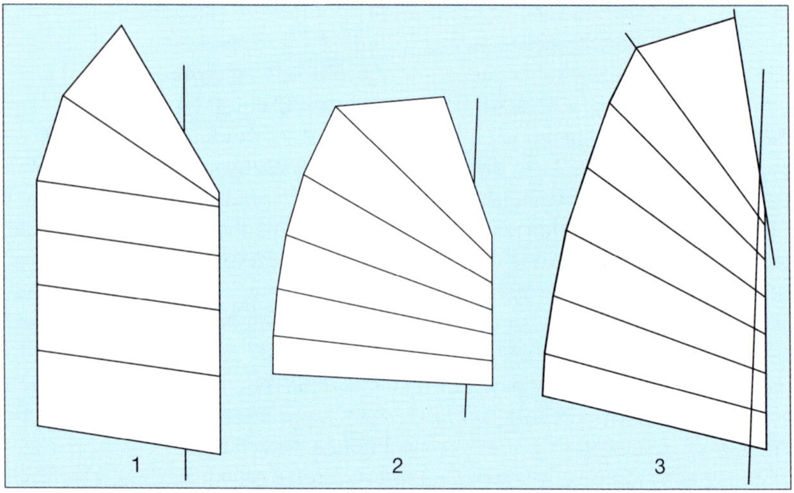

Beispiele unterschiedlicher Dschunkensegel:

1 Hohes, schlankes Segel mit relativ großer Fläche vor dem Mast und parallel angeordneten Latten. Die Latte unterhalb der Luggerrah ist abgewinkelt. Klassische, effektive Segelform mit guten Trimm-Möglichkeiten.

2 Sehr breites Segel mit relativ kleiner Fläche vor dem Mast und gefächerter Lattenanordnung. Speziell konstruiert für lange Distanzen mit überwiegend raumen und achterlichen Winden.

3 Schlankes Segel mit sehr steil gestellter Luggerrah, gefächerter Lattenanordnung und extrem kleiner Fläche vor dem Mast. Speziell konstruiert für optimale Am-Wind-Eigenschaften.

Der englische Dschunken-Rigg-Experte Hasler fand in Versuchen heraus, wofür der Vorliekbeiholer wirklich benötigt wird: Er verhindert die Faltenbildung im Segel. Wird es nämlich oben nur von einem festen Rahnock-Beiholer und unten vom Baumnock-Beiholer am Mast fixiert, so drückt sich beim Segeln der Mittelteil des Segels mit seinen Latten nach vorn durch. Ergebnis: Das Segel vertrimmt in der Mitte, es bilden sich in den Stoffbahnen diagonale Falten.

Ein wesentlicher Vorteil des Dschunken-Riggs ist die komplette Bedienung des Segels aus dem Cockpit heraus. Sowohl das Segelsetzen und -bergen als auch das Reffen kann durchgeführt werden, ohne dass man das Vordeck betreten muss. Das Segelbergen wird durch seitliche Lazy Jacks vereinfacht, die seit jeher zum Dschunken-Rigg gehören. Aufgrund der durchgehenden Latten fällt das Segel Bucht für Bucht in diese Leinentaschen, wobei es sich sauber ausrichtet und aufschichtet.

Bei keinem anderen Rigg lässt sich das Reffen so präzise durchführen, da die Lattenabstände kurz sind und Latte auf Latte geholt werden kann. Auch der Stand des Segels verschlechtert sich beim Reffen kaum.

Die weiteren Vorteile des Dschunkensegels sind seine hohe Effektivität sowie seine günstigen Vortriebseigenschaften bei raumen oder achterlichen Winden. Auf Kreuzkursen ist es jedoch einem modernen durchgelatteten Bermudasegel unterlegen. Hier machen sich die Nachteile des Lugger-Riggs bemerkbar: Das Segel befindet sich, je nach Kurs zum Wind, an der Luv- oder Leeseite des Mastes. Bei einem Luvstand wirkt sich allerdings der Druck des Mastes von Lee gegen das Segelprofil weniger schädlich aus als beim echten Lugger-Rigg, da die durchgehenden Latten das Profil stärken und weitgehend halten. Ohnehin ist die richtige Profilierung beim Dschunkensegel stark abhängig von der Biegefähigkeit der Latten. Sind sie zu starr, stellt sich bei Leichtwind kein optimales Profil ein. Sind sie zu dünn, kann das Segel durch Press gegen den Mast (in Luvstellung) einen S-Schlag bekommen, wodurch sich das Profil nicht mehr optimal ausbildet.

Auf der Plusseite kann das Dschunken-Rigg für sich verbuchen, dass alles laufende Gut nur etwa die halbe Stärke von der eines Bermuda-Riggs benötigt, da die Kräfte besser verteilt und aufgefangen werden. Außerdem entfällt bei dem meist freistehenden Rigg das stehende Gut. Vorteilhaft ist auch die geringe Gefahr bei einer Patenthalse, denn dank der zahlreichen Schoten und Latten, auf die die einwirkenden Kräfte verteilt werden, kommt das Segel weich und ohne starkes Schlagen über.

Für kleinere, vor allem aber auch für größere Yachten ist das Dschunken-Rigg wohl der beste Kompromiss zwischen einer modernen Hochtakelung und den anfangs beschriebenen Traditions-Riggs. Dies mag auch der Grund dafür sein, dass das Dschunken-Rigg vor allem in England und den USA in den

letzten Jahrzehnten einen wahren Boom erlebt hat. Yachten für Einhandsegler, aber auch Katamarane, Motorsegler und kleinere Küstenkreuzer wurden mit einem ein- oder zweimastigen Dschunken-Rigg ausgerüstet.
Berühmteste Yacht ist wohl die englische „Jester", ein modifiziertes Folkeboot, mit dem 1960 der Engländer Blondie Hasler erfolgreich am ersten „Observer Singlehanded Transatlantic Race" teilnahm und in 48 Tagen von Plymouth nach New York segelte. Ein „Jester"-Nachbau nahm 1992 unter Skipper Mike Richey erneut – diesmal als kleinste Monohull-Yacht – an dem Transatlantik-Einhandrennen teil und erreichte den Zielhafen New Port, Rhode Island, nach 45 Tagen, 15 Stunden und 14 Minuten.
Diese Leistungen machten das Dschunken-Rigg auch bei den Blauwasser- und Einhandseglern salonfähig, und es folgten unterschiedlichste Dschunken-Rigg-Konstruktionen mit unzähligen Lattenvariationen, Formen und Höhen-Breiten-Verhältnissen. Heute bieten selbst renommierte Serienwerften für bestimmte Yachttypen wahlweise ein Dschunken-Rigg an, und fast jeder Konstrukteur in England und den USA hat entsprechende Varianten parat.

2 Riggs ohne Vorsegel

Das Gabelbaum-Rigg: Mit geteiltem Großbaum zu hoher Segelleistung

Zu den Riggs, die überwiegend ohne Vorsegel eingesetzt werden, hat sich erst in jüngster Zeit eine Takelung gesellt, deren Wiege bei den Surfern stand. In Amerika fragten sich findige Konstrukteure, ob es nicht möglich sei, den Gabelbaum eines Surfsegels so weit zu verlängern und zu verstärken, dass er auch das Segel einer größeren Fahrtenyacht optimal einstellen kann. Konstruktiv ist der Gabelbaum ja nichts anderes als der gute alte Wishbone, und was die Spreizgaffel bei den frühen Schonern schaffte, sollte mit entsprechend anderem Ansatz am Mast doch wohl auch bei einer modernen Slup mit Hochtakelung gelingen.
Zum optimalen Ausstellen des Großsegel-Schothorns machte man sich die Gesetze der Geometrie zunutze. Wird nämlich in der Winkelhalbierenden zwischen Achter- und Unterliek Druck auf das Schothorn ausgeübt, so erhält das Hochsegel einen optimalen Trimm. Achter- und Unterliek werden gleichmäßig belastet. Diesen Druck erzeugt der Gabelbaum, der etwa in der Winkelhalbierenden am Mast ansetzt und schräg nach unten zum Schothorn führt. Wird der Gabelbaum höher am Mast angesetzt, kommt mehr Druck auf das Achterliek. Wird er tiefer gefahren, kommt mehr Spannung auf das Unterliek. Entsprechend läßt sich der Trimm des Segels beeinflussen.
In der Praxis wird der Gabelbaum allerdings in einer bestimmten Position am Mast fixiert. Das Schothorn wird über eine Talje zur achteren Gabelbaum-Nock hin geholt oder gefiert. Auf diesem Wege lässt sich das Segel flacher oder bauchiger einstellen.
Was sind die Vorteile dieser Konstruktion gegenüber dem altbekannten Großbaum? Erst einmal kann auf einen Kicker oder eine Baumniederholertalje ver-

82
82

zichtet werden, da der Gabelbaum durch seinen schräg nach unten gerichteten Ansatz am Mast bereits die Funktion eines Baumniederholers beinhaltet. Der Gabelbaum steigt beim Fieren der Großschot auf Raumwind-Kursen nicht oder nur unwesentlich nach oben. Es kommt also automatisch zu einer geringeren Vertrimmung des Segels auf den unterschiedlichen Kursen zum Wind. Entscheidender Vorteil gegenüber einem herkömmlichen Baum mit fixiertem Großsegel-Unterliek ist die lose Führung des sehr tief am Mast ansetzenden Unterlieks beim Gabelbaum-Rigg. Dadurch bleibt das volle Profil des Segels bis in den Unterlieksbereich erhalten, was die Effektivität und Vortriebseigenschaften merklich erhöht.
Aufgrund der diagonalen Kräfteverteilung und des Anschlagpunktes ganz achtern am Baum lastet auf der Großschot weniger Druck. Entsprechend leichter lässt sich das Segel bei Starkwind dichtholen. Auf eine Travellerschiene mit Traveller kann verzichtet werden, da diese Einrichtung beim Gabelbaum-Rigg weniger Einfluss auf den Großsegeltrimm hat als bei einem herkömmlichen Hochsegel. Eine Rolle spielt hierbei auch der Anschlagpunkt der Großschot ganz achtern an der Gabelbaumnock.
Aber es sind nicht nur Vorteile, welche diese Riggkonstruktion bietet. Nachteilig ist das bei größeren Booten hohe Gewicht des Gabelbaumes, denn er muss entsprechend stark gebaut sein, um die Kräfte des meistens überdimensional großen Segels aufnehmen zu können. Auch seine Länge wird dem Skipper beim Abriggen fürs Winterlager zu schaffen machen, da ein Gabelbaum ganz andere Dimensionen als ein herkömmlicher Großbaum aufweist.
Aufgrund seiner Länge und dem Anschlagpunkt des oberen Großschotblocks an der achteren Gabelbaumnock sind viele Meter laufende Schot zu holen. Das fällt im Vergleich mit dem meist kurzen Großbaum bei einem modernen Slup-Rigg schon ins Gewicht. Auch ist das Reffen nicht ganz einfach, da das eingereffte Segeltuch nicht auf dem Baum verzurrt werden kann beziehungsweise nicht vom Baum gehalten wird. Es sind Netze, Taschen oder Leinen

Die catgetakelte Kielyacht vom Typ Nonsuch aus Kanada fand aufgrund ihres außergewöhnlichen Gabelbaum-Riggs weltweite Verbreitung. Der Mast ist freitragend und aus Kohlefasern gefertigt. (Foto: Yacht)

Moderne Hochseeyacht mit Gabelbaum-Rigg. Die überdurchschnittliche Höhe der beiden freitragenden Masten ist erforderlich, um die benötigten Quadratmeter Segelfläche unterbringen zu können.

unter dem Gabelbaum erforderlich, welche das Tuch aufnehmen. Entsprechend leisten diese Einrichtungen auch eine gute Hilfe beim Segelbergen.
Die vordere Gabelbaumnock ist halbrund gebogen und befindet sich stets vor dem Mast. Hier wird sie mit speziellen Taljen fixiert beziehungsweise hoch- und niedergeholt. Bei einigen Riggs bleibt der Baum nach dem Abtakeln in seiner ursprünglichen Position angeschlagen, bei anderen wird er in die Waa-

gerechte abgesenkt, um das Auftuchen und Einpacken des Segels zu erleichtern. Eine starke Dirk ist stets erforderlich, da ja kein Kicker den Baum hochhält.

In der Regel ist der Mast eines modernen Gabelbaum-Riggs freitragend und besteht aus mit Epoxidharz gebundenen Kohlefasern oder Aluminium. Der Verzicht auf Wanten und Stage ist schon deshalb erforderlich, weil der Gabelbaum sehr bauchig ist und der leewärtige Holm beim Segeln vor dem Wind oder bei einer Halse sehr schnell mit dem Achterwant oder Backstag kollidieren würde. Den Vorteil der nicht vorhandenen Wanten macht man sich bei einer Halse zunutze, in dem der Baum vor dem Übergehen nicht dichtgeholt, sondern einfach mit ganz aufgefierter Schot von Hand übergeholt wird. Segel und Baum schwingen dann auf der neuen Leeseite ganz nach vorn, wobei die Energie abgebaut wird.

Auch beim Gabelbaum-Rigg sind nur ein Fall sowie Smeerreeps für das Reffen und eine einstellbare Dirk erforderlich. Alles laufende Gut kann vom Cockpit aus bedient werden. Die Position des Gabelbaums am Mast wird in der Regel vor dem Segelsetzen noch im Hafen eingestellt. Moderne Segel sind durchgelattet, wobei Wert auf eine große Achterlieksrundung gelegt wird, die zusätzlichen Vortrieb bringt.

Bekannt und berühmt geworden ist das Gabelbaum-Rigg durch die amerikanischen Freedom-Yachten sowie die kanadischen Nonsuch-Typen. Diese Boote erreichen hohe Geschwindigkeiten. Offensichtlich ist das Gabelbaum-Rigg bei richtiger Konstruktion und richtigem Trimm optimal.

Den Siegeszug hat der „verkehrt herum“ eingesetzte Wishbone allerdings erst durch die Entwicklung des Surfens angetreten. Heute ist das Rigg, welches ein Surfboard zu den höchsten Geschwindigkeiten antreibt, die überhaupt unter Segeln möglich sind, das effektivste der Welt. Entsprechend machen sich Konstrukteure die guten Eigenschaften zunutze und setzen modifizierte beziehungsweise vergrößerte Surf-Riggs für kleine Daysailer, Fun-Boote und Mini-Ketschen ein. Doch auch für kleinere Fahrten- und Regattayachten bieten sich noch ungeahnte Möglichkeiten. Das Gabelbaum-Rigg hat Zukunft.

Das Cat-Rigg: Ein Segel, eine Pinne, eine Schot

Für die Cat-Takelung eignen sich prinzipiell alle hier beschriebenen Riggs, die auch ohne Vorsegel eingesetzt werden können. Der Name „Cat"-Rigg (nicht zu verwechseln mit „Kat"-Rigg, abgeleitet vom Katamaran) stammt aus Amerika, obgleich die Takelung kleiner Boote mit einem Mast, der ganz vorn im Schiff steht, seit alters her auch in Europa gebräuchlich war. An der Ostküste Nordamerikas entwickelte sich aber von der Mitte des vorigen Jahrhunderts an ein Fischerboot-Typ, der sich durch eine sehr typische Rumpfform auszeichnete. Man brauchte dort für die Küsten- und Bay-Fischerei wegen der Tidenabhängigkeit flachgehende Boote mit großem Rumpfvolumen, um den Fang bewältigen zu können. Es entstand das im Verhältnis zur Länge extrem breite Catboot mit Mittelschwert und direkt hinter dem Steven stehenden Mast. Da man aus praktischen Gründen nur ein Segel handhaben wollte, wurde auf das Vorsegel verzichtet.
Das an einer Gaffel gesetzte Großsegel war gedrungen, um die Kentergefahr sowie die Topplastigkeit zu reduzieren. Für den Vortrieb dieser voluminösen und in beladenem Zustand schweren Boote war eine große Segelfläche notwendig. Daher reichte der Großbaum meistens noch ein ganzes Stück nach achtern über den Spiegel hinaus, und auch die Gaffel war nicht eben kurz. Das Halsen muss bei diesem Rigg ziemlich aufregend gewesen sein, weshalb fast nur gewendet wurde, was mit den so plump aussehenden Catbooten auch stets gut gelang, weil sie wegen ihres Mittelschwertes sowie des weit achtern liegenden Segelschwerpunktes flott manöverieren und drehen konnten.
Vermutlich wären diese eigenartigen Segelboote mit dem Niedergang der Küstenfischerei sowie mit der Entwicklung neuer Motorkutter in Vergessenheit geraten, hätten nicht einige Shiplover die letzten Zeugen dieser Epoche durch eine sorgfältige Restaurierung vor dem Verfall gerettet. Es entstand eine regelrechte Catboot-Bewegung, Clubs wurden gegründet und Neubauten in

Modernes Catboot des amerikanischen Konstrukteurs Bruce Kirby mit Hochtakelung und durchgelattetem Großsegel, das beim Segelbergen in Lazy Jacks (seitlichen Führungsleinen vom Mast zum Baum) aufgetucht wird.

Auftrag gegeben. Mit der Entwicklung des Kunststoff-Bootsbaues nahmen sich auch Serienwerften des Catbootes an und offerierten eine ganze Modellpalette zwischen etwa fünf und zehn Metern Länge.
In den siebziger Jahren fand das Catboot auch Liebhaber in Deutschland. Der inzwischen verstorbene Konstrukteur Gerhard Gilgenast modifizierte amerikanische Catboot-Pläne und entwickelte die legendären Catboot-Typen Seezunge A von 5,50 m Länge und 2,50 m Breite sowie die Seezunge B von 6,50 m Länge bei 3,15 m Breite. Sie werden heute noch gebaut, zumal die klassischen Risse wohl niemals veralten.
Das gute Handling der Cat-Takelung nach dem Motto „ein Segel, eine Schot" prädestiniert sie für Einhandsegler ebenso wie für Crews, denen das Bedienen von Vorsegeln beim Kreuzen lästig oder zu anstrengend ist. Vor allem in Kanada, Amerika und England, aber auch in anderen europäischen Küstenländern entstanden in den letzten Jahren zahlreiche neue Bootskonstruktionen mit einem Cat-Rigg. Die kanadischen Nonsuch-Yachten gehören ebenso dazu wie die amerikanischen Narwalk-Island-Sharpies oder unzählige Dingis und Kleinkreuzer europäischer Produktion. Dabei kommen den Konstrukteuren heutige moderne Baumaterialien zugute. Freitragende Cat-Riggs ohne Verstagung lassen sich am besten mit Kohlefasermasten realisieren. Aber auch Holzriggs und Lugger- oder Gaffel-Takelungen sowie für kleinere Boote die Spriet-Takelung sind wieder im Kommen. Längst sind die überlangen Spieren der klassischen Catboote passé, denn durch moderne Lattensysteme, die ein weites Ausstellen des Großsegels ermöglichen, können die notwendigen Quadratmeter auch ohne einen über den Spiegel hinausragenden Großbaum untergebracht werden.
Bei den Regattajollen hat das Cat-Rigg längst Eingang gefunden. Genannt seien hier nur die Optimisten-Jolle, das Finn-Dinghy sowie die Laser-Jolle. Selbst die Tragflügelmasten der Hochgeschwindigkeits-Katamarane, mit denen um den „Kleinen America's Cup" oder den Geschwindigkeits-Weltrekord gekämpft wird, sind – streng genommen – ein Cat-Rigg.
Diese Konstruktionen könnten nun zu dem Trugschluss verleiten, ein Cat-Rigg wäre genauso oder noch effektiver als ein Rigg mit Vorsegel. Tatsächlich ist eine Cat-Takelung bei gleicher Quadratmeterzahl einem Rigg mit Vorsegel unterlegen, wie Tests mit identischen Booten gezeigt haben.

Dies liegt in der Aerodynamik begründet, denn eine schmal und hochgeschnittene Fock fungiert nicht anders als der ausgefahrene Vorflügel einer Flugzeugtragfläche, der bei langsamem Landeanflug größeren Auftrieb bringt. Zwischen Vor- und Großsegel sorgt die sogenannte Düse für eine Luftbeschleunigung und somit für vermehrten Auf- beziehungsweise Vortrieb.
Ein Catboot benötigt also im Vergleich zu einer Slup mehr Quadratmeter Segelfläche, um die gleichen Leistungen zu erzielen. Dies schafft den Eindruck der Übertakelung, den man beim Anblick vieler Catboote hat, insbesondere, wenn sie traditionell gaffelgetakelt sind.

Das Cat-Ketsch-Rigg: Kreuzen ohne Kraftaufwand

Von der einmastigen zur mehrmastigen Cat-Takelung war es ein logischer Weg, wollte man mehr Segeltuch auf größeren Schiffen unterbringen, ohne den Vorteil des leichten Handlings aufzugeben. Während das bereits beschriebene echte Ketsch-Rigg stets ein oder mehrere Vorsegel aufweist, ist die Cat-Ketsch nur mit zwei Segeln getakelt, von denen das achtere aufgrund des niedrigeren Mastes gewöhnlich kleiner ist. Es gibt jedoch auch Catboote mit zwei gleichhohen Masten und entsprechend gleichgroßen Segeln. Sie werden als Cat-Schoner bezeichnet. Sogar das seltene Rigg einer Cat-Yawl ist bekannt. Für alle mehrmastigen Cat-Takelungen gelten außerdem die Kriterien der Ruderposition, die bereits in den vorangegangenen Kapiteln über das Ketsch- und Yawl-Rigg erläutert wurden.
Cat-Ketschen haben eine größere Verbreitung erfahren, als allgemein angenommen wird. Vor allem bevorzugen Langfahrtsegler ein zweimastiges Dschunken-Rigg, da Dschunkensegel, wie bereits beschrieben, in ihrer Gesamtkonstruktion überaus effektiv sind und keine Vorsegel benötigen, beziehungsweise diese nur bei geringer Mastüberlappung des Dschunkensegels gesetzt werden können.
Als praktisch hat sich auch ein Dschunken-Schoner-Rigg erwiesen, da das größere achtere Segel leichter vom Cockpit aus bedient werden kann. Für langkielige Yachten ist die Cat-Schoner-Takelung vorzuziehen, weil der

Cat-Ketsch von Topper International (England): Ein moderner Daysailer für viel Segelspaß mit der ganzen Familie.

Druckpunkt beider Segelflächen besser in Einklang mit dem Lateralschwerpunkt zu bringen ist. Wäre das größere Segel ganz vorn angeordnet, würde das Schiff stark zur Leegierigkeit neigen, weil sich der Druckpunkt der Lateralfläche des Rumpfes in Verbindung mit dem durchlaufenden Kiel weit achtern befindet, der Segeldruckpunkt aber ziemlich weit vorn liegt. Die Folge

wäre außerdem eine schlechte Manövrierfähigkeit sowie ein erschwertes Drehen durch den Wind.
Entsprechend sind die meisten großen Fischerei- und Fracht-Dschunken in Fernost mit einem Cat-Schoner-Rigg ausgerüstet, wobei das sehr weit vorlich angeordnete Schonersegel nur eine Trimm- und Steuerfunktion hat. Manche Dschunken sind dreimastig geriggt, aber auch hier hat das achtere, sehr kleine Segel nur Trimm- und Steuerfunktionen.
International bekannt geworden sind die bereits erwähnten amerikanischen Freedom-Yachten mit einem Cat-Schoner-Rigg und doppelten Gabelbäumen (siehe Gabelbaum-Rigg). Die beiden gleichlangen Masten aus Kohlefasern sind unverstagt, wobei der vordere Mast dicht hinter dem Steven steht. Aufgrund der Durchlattung beider Segel, die an relativ hohen Masten gefahren werden, erzielen diese Yachten gute Segelleistungen. Sie sind ein Beispiel dafür, dass es durchaus möglich ist, das Fehlen der Vorsegel durch zwei effektive und ausreichend große Hochsegel zu kompensieren.
Die Konstrukteure von familiengeeigneten Daysailern und Schulungsbooten haben das Cat-Ketsch-Rigg ebenso wie das Cat-Schoner- und Cat-Yawl-Rigg neu entdeckt. In Amerika, England und Deutschland sind zahlreiche kleine, meist offene Cat-Ketschen entstanden, die vor allem durch ihre leichte Handhabung auf einen größeren Interessentenkreis stoßen. Die beiden Segel lassen sich leicht von ein bis zwei Personen bedienen, und das Kreuzen ist vollkommen problemlos, da ja keine Vorsegel übergeholt und dichtgesetzt zu werden brauchen.
So hat beispielsweise die große englische Serienwerft Topper International, Hersteller der tausendfach gebauten Topper-Jolle, die offene Cat-Ketsch Cruz im Programm.
Dabei muss das Rigg nicht ausschließlich old fashioned sein. Für Dingis mit Cat-Ketsch-Rigg kann man beispielsweise zwei komplette Windsurfer-Riggs verwenden, deren Masten in Rohrkoker gesteckt werden. Die effektiven Surfer-Riggs bescheren solchen Fun-Booten sehr gute Segeleigenschaften.

3 Moderne Riggs für Regatta- und Fahrtenyachten

Das Topp-Rigg: Die Crux mit den großen Vorsegeln

Heute versteht man – fälschlicherweise – unter einer Slup im allgemeinen eine einmastige Segelyacht mit Topp-Takelung, bei der das Vorstag für das Vorsegel am Masttopp angreift. Da die Slup jedoch generell als einmastiges Segelboot definiert wird, muss auch das nachfolgend beschriebene 7/8-Rigg als Slup-Rigg eingestuft werden. Zur genaueren Abgrenzung unterscheidet man das Topp-Rigg sowie das 7/8-Rigg.

War bei der Hochtakelung bis etwa zu Beginn des Krieges eine kleine Fock üblich, deren Vorstag unterhalb des Masttopps angriff und die den Mast nicht überlappen durfte, weil sie normalerweise an einem Fockbaum als Selbstwendefock gefahren wurde, so setzte sich in den USA in den 40er Jahren und anschließend auch in Europa die toppgetakelte, das Großsegel überlappende Genua als Standardsegel durch. Kleinere Vorsegel wurden nur bei höheren Windstärken gesetzt.

An dieser Entwicklung hatten die internationalen Vermessungsformeln für Fahrten- und Regattayachten einen wesentlichen Anteil. Vor allem die RORC-Formel, eine vom englischen Royal Ocean Racing Club initiierte Einstufung von Hochseeyachten, begünstigte große, breitgeschnittene Vorsegel und im Vergleich dazu relativ schmale, kleine Großsegel. Stufenweise versuchte man durch Formelanpassungen entsprechende Auswüchse im Riggbau abzu-

Die Sun Odyssey 34.2 von Jeanneau (Frankreich) trägt eine klassische Topp-Takelung mit serienmäßiger Rollreff-Genua. Die Philosophie der Werft: Die Segelgarderobe besteht nur aus Groß und Rollgenua, die bei Starkwind zuerst eingerefft wird. (Foto: Kiesel)

stellen, doch eine wirkliche Änderung brachte erst die 1969 eingeführte IOR-Formel (International Offshore Racing-Rule).
Einmal abgesehen von diesen extremen Slup-Riggs brachte die Topp-Takelung durchaus Vorteile. Eine hohe Anschnittkante des Vorsegels ist aerodynamisch besonders günstig. So erzielt eine Genua erheblich mehr Vortrieb als ein kleines Vorsegel mit verkürztem Vorstag. Der Mast muss nicht sonderlich hoch sein, weil sich die erforderliche Segelfläche gut auf zwei nahezu gleich große Segel verteilen lässt. Ein kürzerer Mast bringt gleichzeitig eine geringere Topplastigkeit, was sich günstig auf den Ballastanteil auswirkt. Und er kann einfach und effektiv abgestagt werden, da die Kräfte des Vorstags am Masttopp angreifen und nicht im oberen Drittel des Mastes, wo sie schwierig abzufangen sind. Entsprechend kann auch auf Backstagen verzichtet werden.
Allerdings erfordert diese Konstruktion auch bis zum Masttopp hinauf ein starkes Mastprofil, zumal, wenn ein Spinnaker gefahren werden soll. Entsprechend ist die – heute sehr hoch eingeschätzte – Flexibilität des Mastes gering. Gewöhnlich ist eine leichte Vorkrümmung des Mastes wünschenswert, um ihm einen sicheren Stand beim Segeln am Wind sowie dem Großsegel einen optimalen Trimm zu geben. Würde der Mast kerzengerade stehen und wäre er in Salingshöhe nicht durch vordere Unterwanten abgefangen, so bestände permanent beim Segeln mit Starkwind auf Kreuzkursen die Gefahr, dass er sich nach achtern durchbiegt und im Extremfall bricht. Gerade hier aber liegen die Vorteile der Topp-Takelung, denn die vorderen und achteren Unterwanten mit einem Ansatzpunkt unterhalb der Salingsbeschläge geben dem Mast einen besonders sicheren Stand und bei richtiger Anspannung der vorderen Unterwanten eine permanente leichte Vorkrümmung.
Um diese optimal zu erreichen und den Mast um jeden Preis an einer achterlichen Durchbiegung zu hindern, riggte man früher noch zusätzlich ein sogenanntes Babystag, das vom Salingsansatz nach vorn auf ein Pütting nahe des Kajütaufbaus führte. Bei einigen Slup-Riggs erübrigte das Babystag doppelte Unterwanten auf jeder Mastseite, so dass man mit jeweils einem, parallel zum Mast geführten Unterwant auskam.
So anvancierte das toppgetakelte Slup-Ripp zur Standardtakelung vor allem für auf Sicherheit bedachte Fahrtensegler sowie anfangs auch für Regattasegler. Es kam hinzu, dass die Kosten für die unkomplizierten Mastprofile

niedrig lagen (und es heute immer noch sind) und die erforderlichen simplen Verstagungen von jedermann auszuführen waren.

Die Entwicklung des Regattasports und der Trend zu immer höheren Riggleistungen offenbarten indessen sehr schnell die Nachteile der Topp-Takelung. Aufgrund der starren Verstagung ließ sich die Mastkrümmung und damit der Trimm des Großsegels während des Segelns nicht verstellen – ein Muss beim heutigen Regattasegeln. Der Masttopp ließ sich bei einsetzendem Starkwind aufgrund des starren Mastprofils und des hoch angreifenden Vorstags nicht nach achtern trimmen, um das Achterliek im oberen Bereich des Großsegels zu öffnen – eine Grundvoraussetzung, um Böen kurzfristig mit nur geringem Fahrtverlust abwettern zu können. Vielmehr mussten das Großsegel rechtzeitig gerefft und kleinere Vorsegel angeschlagen werden. Außerdem waren die starren dicken Masten für die immer leichter werdenden Bootsrümpfe viel zu schwer geworden.

Auch die Fahrtensegler waren letztendlich nicht glücklich mit den überdimensionalen Vorsegeln, war doch für ihre Bedienung viel Kraftaufwand erforderlich. Große und teure Winschen mussten eingesetzt werden, um die Schoten dichtholen zu können. Vor allem auf Kreuzkursen galt es viel Segeltuch zu bewegen, was für Familiencrews nicht ohne Probleme war und ist. Schließlich erforderte das Wechseln der Vorsegel bei aufkommendem Starkwind ebenfalls einen hohen Kraftaufwand, und es mussten stets mehrere Vorsegel an Bord mitgeführt und bewegt werden.

Allerdings haben hier die seit den 70er Jahren eingeführten Vorsegel-Rollreffanlagen für Entlastung gesorgt. Mit Hilfe dieser Rolleinrichtungen lässt sich die Vorsegelfläche den durchschnittlich auftretenden Windstärken anpassen, und da eine Rollfock nicht geborgen, sondern eingerollt wird, kann heute auch eine große Yacht mit Topp-Takelung von dem Skipper und seiner Bordfrau sicher gehandhabt werden. Die modernen Großsegel-Rollanlagen – ob in den Baum oder in den Mast – komplettieren den Bedienungskomfort.

So gesehen ist das Topp-Rigg noch nicht passé. Es weist genügend Vorteile auf, um gegenüber dem 7/8-Rigg bestehen zu können – und sei es nur aufgrund der geringen Mastlänge, die eine Mastlagerung im Winter an Deck ohne große Überstände ermöglicht. Heute werden vor allem aufgrund der sicheren und einfachen Abstagung große Hochseeslups, sogenannte Maxi- und

Megayachten, mit einem Topp-Rigg ausgerüstet. Aufgrund besserer Materialien und neuer Technologien lassen sich Riggs filigraner bauen, so dass die Nachteile eines großen und schweren Mastprofils kaum noch ins Gewicht fallen. Moderne toppgeriggte Yachten tragen heute einen relativ langen Mast und führen ein schmales, nicht zu weit nach achtern ausladendes Großsegel sowie eine etwa gleich große, nur wenig überlappende Genua, die entweder eingerollt oder aufgrund moderner Wechselsysteme schnell gegen eine kleinere, nicht überlappende Fock ausgetauscht werden kann.

Das 7/8-Rigg: Erst die Biegung macht den Trimm

Der Erfinder des flexiblen 7/8-Riggs ist eigentlich der deutschstämmige, in Brasilien geborene Starbootsegler Walter „Pimm" von Hütschler. Er war bereits 1935 auf die Idee gekommen, den – damals noch hölzernen – Mast eines Starbootes, je nach Windstärke, durch Veränderung der Toppstag- sowie der Vorstagspannung und Feineinstellung der Wanten eine mehr oder weniger große Durchbiegung nach vorn zu geben, um so die Tiefe des Großsegelbauches variieren zu können. Je stärker die Mastdurchbiegung, desto flacher das Segel – ein wünschenswerter Effekt bei höheren Windstärken und Kursen hoch am Wind. Von Hütschlers Erfolge mit dieser Trimmphilosophie waren enorm. 1936 gewann er die Starboot-Europameisterschaft vor Neapel, 1937 wurde er Vizeweltmeister und 1938 und 1939 Weltmeister. Danach war der flexible Starbootmast Standard in dieser Bootsklasse.
Das Prinzip des flexiblen 7/8-Riggs war geboren, doch bevor es sich allgemein für Regatta- wie für Tourenyachten durchsetzte, vergingen noch etliche Jahre. 1968 stattete der erfolgreiche Hamburger FD-Segler Uli Libor die von ihm und vom Hamburger Schiffskonstrukteur Karl Feltz konstruierte Vierteltonner-Yacht LISTANG mit einem extrem flexiblen 7/8-Rigg aus und gewann

Für sportliche Yachten hat sich das 7/8-Rigg in den letzten Jahren immer mehr durchgesetzt. Sein Vorteil ist die Flexibilität und gute Trimmbarkeit des Mastes. (Foto: Kiesel)

damit 1969 auf der Nordsee vor Breskens die Weltmeisterschaft im Quarter Ton Cup. Von nun an tauchten immer neue Yachtkonstruktionen mit diesem Rigg auf, ungeachtet der Nachteile, die durch die Vermessung nach der damals noch gültigen RORC-Formel entstanden. Der große Durchbruch aber kam mit Einführung der IOR-Formel, die 7/8-Riggs nicht mehr benachteiligte. Heute gibt es praktisch kein Slup-Regattarigg mehr, bei dem das Vorstag am Masttopp angreift. Prinzipiell hat es seinen Ansatzpunkt am Mast ein gutes Stück darunter, wobei die Bezeichnung 7/8-Rigg nicht immer ganz korrekt ist, denn das Verhältnis des nicht abgestagten oberen Mastteiles zum unteren, abgestagten kann auch 6 zu 8 oder gar 5 zu 8 betragen. Der Einfachheit halber bezeichnet man aber alle Varianten als 7/8-Riggs.
Stand bei von Hütschler noch die Biegung des gesamten Mastes im Vordergrund, so erkannte Libor, dass man sich auch das obere, nicht seitlich und nach vorn abgestagte und daher extrem flexible Maststück für einen speziellen Segeltrimm zunutze machen konnte. Wurde nämlich das Achterstag extrem angezogen, so peitschte der Masttopp nach achtern. Die Auswirkungen auf das Großsegel wurden sofort deutlich, das Achterliek kam lose und wehte nach Lee aus. Der Effekt zeigte sich beim Segeln auf Kreuzkursen bei aufkommendem Starkwind oder starken Böen: Das im Topp geöffnete Achterliek verminderte den Winddruck im oberen Großsegelbereich und somit die Krängung des Bootes. Böen und kurzfristige höhere Windstärken konnten ohne das Einreffen des Großsegels abgewettert werden – ein gravierender Vorteil beim Regattasegeln.
Einher mit der Einführung des 7/8-Riggs ging die Erkenntnis, dass so schwere, dicke Masten, wie sie bislang bei der Topp-Takelung zum Einsatz kamen, nicht notwendig waren. Durch den tieferen Ansatzpunkt der seitlichen Wantenabstagungen konnte vor allen Dingen das obere Maststück mit starker Verjüngung und damit sehr leicht gebaut werden. Aber auch der gesamte Mast ließ sich leichter und dünner gestalten, eine richtige Verstagung vorausgesetzt. So war es kein Problem mehr, hohe Masten bei geringem Toppgewicht zu installieren, was zu sehr großen Großsegeln und immer kleineren Vorsegeln führte.
Auftrieb für die kleine, schmale Fock, die den Mast seitlich nicht mehr überlappt, brachte auch der Fahrtensegelsport. Man wünschte sich wieder – wie

früher – eine Selbstwende-Einrichtung für das Vorsegel, um leichter und ohne Kraftaufwand kreuzen zu können. Und hatte nicht das Rigg des offenen Dreimann-Kielbootes Soling bewiesen, dass man mit schmaler Selbstwendefock sogar um olympische Ehren segeln konnte?

Aber auch ohne Selbstwende-Einrichtung brachte das 7/8-Rigg Vorteile für den Fahrtensegler. Die Fock ließ sich nun wieder mit erträglichem Kraftaufwand bedienen. Überdimensionale Fockschotwinschen waren nicht erforderlich, und das sparte Geld. Die kleinen Vorsegel waren leicht und ließen sich auch von weniger sportlichen Seglern bergen oder setzen und unter Deck verstauen. Schließlich musste bei Starkwind erst viel später – unter Umständen gar nicht – auf ein kleineres Vorsegel gewechselt werden.

Dafür hatte es nun das Großsegel im wahrsten Sinne des Wortes in sich. Es musste ja all' die verloren gegangenen Quadratmeter Segelfläche zur Verfügung stellen, die damals, zu RORC-Zeiten, in den großen Vorsegeln steckten. Das überdimensionale Großsegel musste gesetzt oder geborgen, vor allem aber rechtzeitig eingerefft werden, wenn es an zu wehen fing.

Hier nun kamen den Konstrukteuren, Segelmachern und Mastenbauern moderne Beschläge und Reffsysteme zu Hilfe. Die längst bekannte Durchlattung des Segels wurde wiederentdeckt und mit modernen Kunststofflatten und Endbeschlägen perfektioniert. Zum leichteren Segelbergen wurden seitliche Lazy Jacks installiert. Dehler-Yachtbau erfand das Maindrop-System, heute allgemein kopiert, bei dem das durchgelattete Großsegel selbständig in seitliche, am Großbaum angebrachte Persenninge fällt, die dann nur noch per Reißverschluss wie eine normale Großsegel-Persenning verbunden werden. Und man entwickelte ein Reffsystem, bei dem nach dem Fieren des Großfalls nur noch ein einziges Smeerreep durchgeholt werden muss.

Das alles kann aus der sicheren Plicht heraus geschehen, denn gleichzeitig mit der Entwicklung des 7/8-Riggs ging der Trend zur Umleitung allen laufenden Gutes, das zu Segelbedienung am Mast erforderlich ist, nach achtern zum Cockpit einher. Schließlich erleichtern dem Fahrtensegler seit Ende der 70er Jahre moderne Rollreffanlagen im Mast oder im Baum den Umgang mit dem großen Großsegel.

Bei den ersten 7/8-getakelten Regatta-Riggs kam man ohne Backstagen nicht aus. Diese führen jeweils vom Ansatzpunkt der seitlichen Mastabsta-

Das Dehler Maindrop-System besteht aus einem Großsegel mit durchgehenden Segellatten, einer seitlich am Großbaum befestigten Persenningtasche und seitlichen Führungsleinen (Lazy Jacks), welche die Seitenteile der Tasche hochhalten.

gungen, bei manchen Riggs auch von tieferen Anschlagpunkten aus, Backbord und Steuerbord nach achtern zum Heck des Schiffes und münden hier in Taljen. Je nach Kurs wird die luvwärtige Backstagtalje dichtgesetzt und die leewärtige aufgefiert – eine nicht ganz einfache Prozedur vor allem beim Fahren von Halsen und schnellen Manövern. Entsprechend unbeliebt waren und sind Backstagen bei Fahrtenseglern. Inzwischen haben die Mastenbauer 7/8-Riggs entwickelt, die ohne Backstagen auskommen. Vor allem bei kleineren Yachten lassen sich solche Riggs problemlos installieren.
Doch jüngst geht die Entwicklung wieder in eine andere Richtung. Da auch Fahrtensegler bekanntermaßen schnelle Yachten segeln wollen, sind die Hersteller von Serientypen wie auch von Einzelbauten erpicht darauf, das Maximum an Geschwindigkeit aus ihren Booten herauszuholen, wobei durch die mögliche Mastlänge Grenzen in Bezug auf die Segelfläche gesetzt sind. Die moderne Durchlattung bietet nun aber die Möglichkeit, das Großsegel auch

Beim Bergen fällt das Großsegel, geführt durch die seitlichen Lazy Jacks, selbständig in die Persenningtasche. Die innen an den oberen Taschenlieken angenähten Laschen werden anschließend per Reissverschluß geschlossen. (Fotos: Kiesel)

im Toppbereich mit einer großen Rundung wie einen Flügel auszustellen, wodurch sich 20 Prozent oder mehr zusätzliche Segelfläche unterbringen und die Aerodynamik verbessern lässt. Die Crux dabei ist nur: das so wichtige Achterstag muß geopfert werden, da die Achterlieksrundung sich bei jeder Wende oder Halse dahinter verhaken würde. Damit entfällt auch der von Libor entwickelte Peitscheneffekt des Masttopps mit der Öffnung des oberen Achterliekbereiches bei Starkwind.
Ein solches 7/8-getakeltes Flügelrigg kann kaum ohne Backstagen auskommen, und damit wäre dem Fahrtensegler nun wahrlich nicht gedient – es sei denn, er akzeptiert die sportliche Komponente und ist bereit, bei Manövern einen höheren persönlichen Einsatz zu fahren. Aufzuhalten ist der Trend zum 7/8-Flügelrigg wohl kaum – die Hochleistungsrenner auf den internationalen Regattabahnen setzen die Akzente.

Das Kutter-Rigg: Klassisch und doch wieder modern

Der Begriff Kutter entstammt dem englischen Wort „cut“. Als „cutter“ bezeichnete man ein scharfgezeichnetes Segelschiff, das die Wellen durchschneidet. Mit dem Beginn der Sportsegelei bürgerte sich die Bezeichnung „Kutter“ für alle Arten von Segelbooten ein, die nicht berufsmäßig genutzt wurden. Die von den Seeleuten verwendete Bezeichnung „Lustkutter“ findet bis auf den heutigen Tag seine Fortführung in dem dänischen Wort „Lystbåd“ für Sportboot.

Immer aber war damit ein einmastiges Segelfahrzeug gemeint, das in der ursprünglichen klassischen Takelung ein Gaffelgroßsegel und Toppsegel trug. Letzteres wurde mit einer kurzen Topprah vorgeheißt, so dass es auch als Vierkant-Toppsegel bezeichnet wurde.

Die Kutteryacht Aline vom Typ Cornish-Crabber aus England unter Vollzeug. Besonders groß ist bei diesem Rigg das Toppsegel ausgefallen, ein Merkmal der klassischen Kutteryachten von der Jahrhundertwende. (Foto: Greiser)

Wesentliches Unterscheidungsmerkmal des Kutter-Riggs gegenüber dem Slup-Rigg ist jedoch die mehrfache Unterteilung der Vorsegel. Auch hier stand der Wunsch, die Segelfläche möglichst vielfältig zu unterteilen, um die Bedienung bei großen Schiffen zu erleichtern, im Vordergrund. Klassische Kutteryachten trugen Stagfock, Klüver und Flieger. Die Stagfock war gleichzeitig die Schwerwetterfock, denn ihr Stag war nicht am Klüverbaum, sondern direkt am Steven angeschlagen. Somit stand dieses Vorsegel am dichtesten zum Mast und konnte besonders kräftig gefertigt sein, da es ja innenbords leicht zu bergen oder zu setzen war.

Der Klüver hingegen war an der Nock des Klüverbaums angeschlagen, beziehungsweise musste zu diesem ausgeholt werden, und das Klüverstag hatte seinen Befestigungspunkt am Mast in der Regel ein gutes Stück über dem tiefangesetzten Fockstag. Gewöhnlich war der Klüver das Segel für Leicht-

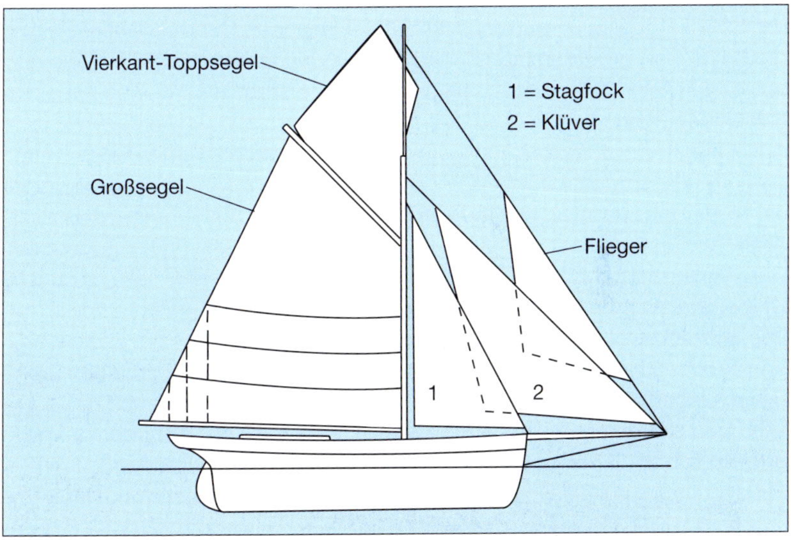

Klassisches Kutter-Rigg mit Gaffel-Großsegel, Toppsegel und drei Vorsegeln: Stagfock, Klüver und Flieger.

und Mittelwind. Entsprechend wies er die meisten Quadratmeter der drei Vorsegel auf.
Bei ganz schwachen Winden konnte noch der sehr hoch gefahrene Flieger gesetzt werden. Das Stag dieses aus leichtem Tuch gefertigten Vorsegels griff am Masttopp an und hatte seinen Fußpunkt ebenfalls auf der Klüverbaum-Nock.
Bei der Entwicklung des klassischen Kutters zum modernen Sportboot wurden zuerst das Toppsegel sowie der Flieger geopfert. In der Folgezeit war der einmastige Kutter mit Gaffelgroßsegel, Stagfock und Klüver am Klüverbaum getakelt. Mit der Einführung der Hochtakelung verzichtete man auf die Gaffel ebenso wie auf den Klüverbaum und die Bezeichnung Stagfock. Übrig blieben Großsegel, Fock und Klüver.
Heute gibt es das Kutter-Rigg immer noch, und es ist moderner und für gewisse Einsatzbereiche aktueller denn je. Doch der Klüver ist dabei auch auf der Strecke geblieben und musste der voluminösen Genua weichen. Einzig die Bezeichnung Kutterstag erinnert noch an die Ur-Takelung, doch die daraus abgeleitete Kutterfock ist die ursprüngliche Stagfock. Aber so hat sich's halt eingebürgert.
Ausschlaggebend für die Entwicklung des modernen Kutter-Riggs waren zwei Trends: Erstens wurde das Langfahrtsegeln ab Anfang der sechziger Jahre weltweit populär, und zweitens erforderte die Einführung der Rollvorsegel zwei getrennte Vorstagen.
Die Blauwasser- und Langfahrtsegler hatten schnell erkannt, dass es günstig ist, bei Starkwind ein weit innenbords und dicht am Mast gefahrenes kleines Vorsegel setzen zu können. Der Vorsegel-Druckpunkt rückte damit dichter an den Großsegel-Druckpunkt heran, woraus sich in Verbindung mit den inzwischen eingeführten kurzen Kielen ein ausgewogener Trimm, auch bei Starkwind und Sturm, ergab. Außerdem ließ sich die Kutterfock auf dem Vordeck gut händeln und konnte entsprechend kräftig ausgeführt werden.
Mit der Einführung der Rollvorsegel gab es Probleme bei Starkwind. Moderne

Hochseeyacht mit modernem Kutter-Rigg: Die Kutterfock wird von der am Steven angreifenden Genua überlappt. Bei Starkwind wird diese vollständig eingerollt, so dass die Sturmbesegelung aus gerefftem Groß und Kutterfock besteht.

48

Slup-Riggs verfügen gewöhnlich nur über ein festes Vorstag. Wird dieses durch ein Rollstag ersetzt, so muss das daran gefahrene Vorsegel sehr groß sein, um alle Windbereiche abzudecken – eben eine Genua. Andernfalls müssten unterschiedlich große Vorsegel analog zur jeweiligen Windstärke in das Rollvorstag eingezogen werden, was den Vorteil eines schnell ein- und ausrollbaren Vorsegels zunichte machen würde.
Bei dem teilweisen Einrollen der Genua, dem „Reffen", stellten sich indessen auch die Nachteile dieses Systems ein. Gereffte Genuas standen – und stehen – schlechter als einzeln gesetzte Vorsegel. Der vom Segelmacher eingearbeitete Bauch wandert nach achtern und läßt das Segel „beuteln", woraus im Seglerjargon der Begriff des „Kartoffelsacks" abgeleitet wurde. Um den Stand des gerefften Vorsegels einigermaßen akzeptabel hinzubekommen, muss der Schotholepunkt an Deck, je nach Reffstufe, weiter nach vorn verlegt werden, was das Anpassen des Vorsegels an die jeweilige Windstärke weiter erschwert.
Zwar gibt es heute dank neuer Segelschnitte, Segeltuche und eingearbeiteter Vorliekverstärkungen oder Segellatten besser reffbare Rollgenuas, doch ist die These, dass einzeln gesetzte Vorsegel optimal sind, damit immer noch nicht zu widerlegen. So schwören viele Eigner beim modernen Kutter-Rigg auf die kleine Kutterfock für Windstärken ab etwa 6 Beaufort und die Genua für die niedrigeren Windstärken. Dabei ist es gleichgültig, ob beide Vorsegel an Rollen gefahren werden oder einzeln zu setzen sind. Entscheidend ist nur, dass jeweils die volle Segelfläche zur Verfügung steht.
Doch wo Vorteile sind, gibt es meistens auch Nachteile. Das im ersten Drittel des Vorsegeldreiecks zwischen Vorsteven und Mast auf dem Vordeck angeschlagene Kutterstag ist beim Wenden mit der Genua im Wege. Oftmals muss sie vor der Wende ganz eingerollt werden. Je dichter das Kutterstag zum Vorstag steht, desto notwendiger wird diese Maßnahme.
Außerdem ergeben sich durch den niedrigen Anschlagpunkt des Kutterstags am Mast Abstagungsprobleme. Für die Kutter-Takelung eignet sich prinzipiell nur ein Topp-Rigg. Die achteren Unterwanten greifen gewöhnlich bei den unteren Salingen an. Das Kutterstag wird aber in der Regel wesentlich höher am Mast, vielfach nur einen halben Meter unterhalb des Masttopps angeschlagen. Und hier fehlt eine Mastabspannung nach achtern. Was also ist zu tun?

Man muss wiederum auf die ungeliebten Backstagen zurückgreifen. Und dies ist beim modernen Kutter-Rigg auch tatsächlich der Fall. Nur selten schaffen es die Mastenbauer, ein Kutter-Rigg so zu konstruieren, dass das Kutterstag in der Nähe der achteren Unterwanten oder unterhalb der bis zur zweiten Saling geführten Jumpstagen angreift, so dass auf Backstagen verzichtet werden kann.

Alternativ müsste das Kutterstag in Höhe der ersten Saling, dem Anschlagpunkt der Unterwanten, angreifen, doch könnte dann nur eine sehr kleine Kutterfock gesetzt werden, und das Kutterstag wäre nichts anderes als das beim Slup-Rigg beschriebene Babystag.

Mit einem Trick lassen sich diese Probleme indessen umgehen. Die Lösung heißt: das wegnehmbare Kutterstag. Es wird mit Hilfe eines sogenannten Schnellspanners, den es im Fachhandel in unterschiedlichen Ausführungen gibt, nur bei Bedarf gesetzt. Daher kann es nicht nur kurz hinter dem regulären Vorstag für die Genua angeschlagen werden, sondern auch eben unterhalb des Masttopps – gerade so weit, dass es den Toppbeschlag der eventuell verwendeten Genuarolle nicht stört. Die Differenz verkraftet ein Topp-Rigg ohne Probleme, zumal das Mastprofil bis zum Masttopp recht stark ist. Eventuell kann mit einem trimmbaren Achterstag etwas nachgeholfen werden.

Allerdings ist es nicht ganz einfach, das Kutterstag am Mast oder am Pütting eines Oberwants festzusetzen, wenn es nicht gebraucht wird. In der Regel ist das Kutterstag dann nämlich zu lang und müsste am Fußpunkt umgelenkt werden, was aber aufgrund der geringen Biegefähigkeit des Stahldrahtes kaum möglich ist. Daher muss das Kutterstag verkürzt und die fehlende Distanz zum Schnellspanner mit einem Drahtstander überbrückt werden.

Außerdem lässt sich die Kutterfock nur mit Hilfe von Stagreitern setzen, muss also stets komplett an- oder abgeschlagen werden. Dennoch habe ich mit diesem System die besten Erfahrungen gemacht. Das Semi-Kutter-Rigg erlaubt es, bei Starkwind die Genua ganz einzurollen und eine speziell geschnittene Starkwindfock zu setzen. Damit lassen sich erheblich bessere Kreuzeigenschaften erzielen, und auch der Bootstrimm verbessert sich.

Das freitragende Rigg: Meister der Flexibilität

In den Kapiteln über das Cat- und Gabelbaum-Rigg wurden bereits freitragende Masten erwähnt. Sie werden weder von Wanten noch von Stagen abgespannt. Die Idee des unverstagten Mastes ist keineswegs neu, ja, man könnte sagen, sie ist uralt. Viele Riggs der Antike mit Rahsegeln hatten keine Verstagungen, wobei sich dies um so leichter realisieren ließ, je kleiner das Boot und damit die benötigte Segelfläche war. So trugen nahezu alle kleineren Fischerkähne Nordeuropas seit ihrer Entstehung freistehende Masten, desgleichen die frühen Dschunken-, Dau- und Lateiner-Riggs. Die meisten holländischen Traditionssegler fahren bis auf den heutigen Tag unverstagte hölzerne Masten.

Bereits 1620 ließ sich der britische Gouverneur von Bermuda von einem holländischen Schiffszimmermann eine Cat-Ketsch mit Hochsegeln bauen, die an unverstagten Masten gesetzt wurden. Den Durchbruch freitragender Masten im modernen Yachtbau aber schaffte der amerikanische Konstrukteur Garry Hoyt, dessen Cat-Ketsch Freedom 40 im Jahre 1976 erstmals zu Wasser gelassen wurde und die Fachwelt durch hervorragende Segeleigenschaften verblüffte.

Heute haben sich unverstagte Masten von der Jolle bis zur Hochseeyacht durchgesetzt. Ihre Vorteile sind vielfältig: Die Anströmung des Segels wird erheblich verbessert, weil kein „Drahtverhau“, wie es im Seglerjargon heißt, für Verwirbelungen sorgt. Die Bremswirkung von Stagen und Wanten ist beim Segeln am Wind sehr groß.

Ein unverstagter Mast kann frei biegen und schwingen. Dies ist der wohl entscheidende Vorteil, der sich besonders bei Böen und aufkommendem Starkwind bemerkbar macht. Fällt auf Kursen mit vorlichem oder raumem Wind eine Bö ein, so weicht der Masttopp seitlich nach Lee und, beeinflusst durch das Achterliek des Segels und den hierauf wirkenden Zug der Großschot,

Ein vom Autor entwickelter Kleinkreuzer nach klassischem Vorbild mit Cat-Rigg und frei tragendem Kohlefasermast. Die gleichmäßige Biegekurve wird durch die richtige Profilierung des Mastes, den Winddruck im Segel und den Zug der Großschot über das Achterliek auf den Masttopp erreicht. (Foto: Kiesel)

PIXEL

nach achtern aus. Mit dem Erfolg, dass das Achterliek sich im oberen Teil öffnet und der Druck aus der oberen Segelhälfte genommen wird. Da dies nicht ruckartig, sondern federnd geschieht, verändert sich die Krängung des Bootes ebenfalls nicht ruckartig, sondern weich und sehr viel geringer als bei einem verstagten Mast, was unmittelbar einer höheren Geschwindigkeit zugute kommt.

Man kann also generell sagen, dass auf Booten mit einem freitragenden Rigg später gerefft werden muss, dass Böen besser verkraftet werden und dass die Krängungstendenzen geringer sind.

Es kommt hinzu, dass ein freistehender Mast bei richtiger Profilierung und Dimensionierung mit gesetztem Segel auf Kursen am Wind eine kontinuierliche Biegekurve nach vorn hat, der Masttopp also nach achtern zeigt. Hervorgerufen wird diese – gewünschte – Durchbiegung durch den Zug der Großschot über das Achterliek auf den Masttopp. Je stärker es weht, desto mehr biegt sich der Mast durch und zieht damit das Segel flacher, was günstig auf Kreuzkursen ist. Die mühsamen Trimmveränderungen, die man bei einem Topp- oder 7/8-Rigg vornehmen muss, macht der unverstagte Mast also ganz von allein.

Wie gut das Ganze funktioniert, hängt allerdings sehr von der Konstruktion des Mastes ab. Bei großen wie bei kleinen Yachten ist es ein Balanceakt zwischen Haltbarkeit und Biegefähigkeit. Ist das Mastprofil zu schwach, kann es brechen. Oder aber der Mast biegt sich bei aufkommendem Starkwind zu früh nach Lee, so dass der Vortrieb überdurchschnittlich reduziert wird. Ist es zu steif, federt der Mast nicht genug beziehungsweise biegt sich nicht ausreichend durch.

Vor allem oberhalb der Masteinspannung im Deck oder im Koker ist die Bruchgefahr am größten. Hier muss die Dimensionierung besonders kräftig sein. Daher werden unverstagte Masten auch stets durch das Deck bis auf den Kiel geführt. Im Bereich der Decksdurchführung sind besondere Verstärkungen erforderlich, welche die auftretenden Kräfte aufnehmen können.

Die amerikanischen Freedom-Yachten mit freitragenden Masten sind inzwischen Legende. Sie wurden vor allem durch gute Segeleigenschaften und ihre Seetüchtigkeit bekannt. (Foto: Yacht)

Diese Voraussetzungen machen deutlich, dass sowohl für die Konstruktion und den Bau des Mastes als auch für seine Installation im Bootsrumpf viel Erfahrung – und Berechnung – erforderlich ist, was sich auf der Kostenseite niederschlägt. Da freitragende Masten für große Yachten heute fast hundertprozentig aus Kohlefasern hergestellt werden – von wenigen traditionellen Holzkonstruktionen speziell in Holland einmal abgesehen – kommen die hohen Materialkosten hinzu. So ist ein freitragender Mast stets erheblich teurer als ein abgestagter, wobei sich allerdings die Kosten durch die Einsparung des stehenden Gutes sowie der hierfür erforderlichen Beschläge reduzieren. Nur für Kleinkreuzer und Jollen lassen sich preiswerte Aluminiumprofile mit starker Verjüngung im Toppbereich einsetzen, doch sind heute auch bereits viele Jollentypen sowie alle Surf-Riggs mit industriell gefertigten Kohlefasermasten ausgestattet.

Es führt halt kein Weg daran vorbei: Will man die Vorteile eines freitragenden Mastes auch für Jollen-Einzeltypen und Kleinkreuzer nutzen, so sollte ein individuell gefertigter Kohlefasermast gewählt werden. Der aber ist zur Zeit noch drei- bis viermal so teuer wie ein Aluminiummast, und preiswerte Serienfabrikate für größere Masten sind nicht in Sicht. Vermutlich ist dies der Grund, warum sich freitragende Riggs bei Kajütyachten nur zögerlich durchsetzen.

Es kommt hinzu, dass es auch nicht an Nachteilen mangelt. Zunächst sind es ganz profane Dinge, die negativ zu bewerten sind. Auf größeren Kajütyachten wird man die seitlichen Wanten und auch das Vorstag vermissen, wenn es darum geht, sicher von der Plicht aus aufs Vordeck zu gelangen. Man kann sich nirgendwo festhalten. Auch beim Ziehen oder Setzen des Mastes vor und nach dem Winterlager gibt's Probleme, weil der Stropp für den Kran nicht unterhalb einer Saling festgesetzt werden kann. So muss im (vorher bestimmten) Schwerpunkt des Mastes mit dem Krantampen eine Schlinge geknüpft und die lose Part nach unten am Mast auf eine Klampe geführt werden – eine bei nicht sachgemäßer Ausführung gefährliche Aktion.

Der gravierendste Nachteil aber ergibt sich aus der Statik des freitragenden Mastes. Er verträgt nur schlecht unterschiedliche Belastungen, wie sie beim Takeln eines Groß- und Vorsegels oder beim Setzen eines zusätzlichen Spinnakers entstehen. Daher sind die meisten Yachten mit einem unverstagten Rigg auch als Catboot, häufiger noch als Cat-Ketsch getakelt, weil bei letzte-

rer die Masten weniger hoch und damit die Scherkräfte besser in den Griff zu bekommen sind.
Erst in jüngster Zeit wurden freitragende Riggs – wie etwa das im 5. Kapitel behandelte Aero-Rigg – auch mit einem Vorsegel ausgerüstet, wobei dieses allerdings in der 6/8-Position am Mast angesetzt werden muss, um noch eine harmonische Mastbiegung zu erzielen. Entsprechend ist die Fock auch stets relativ klein geschnitten.
Da catgetakelte Yachten auf dem Vormarsch sind, dürften freitragende Riggs sich langsam, aber stetig immer mehr durchsetzen, zumal ihre Segel die Rundung erhalten können, die dem Ideal eines Flügels entspricht. Kein Achterstag ist beim Wenden und Halsen im Wege.

Das 7/8-Rigg mit Gennakerbaum: Comeback des Klüverbaums

Wer da glaubte, der Klüverbaum hätte mit der Konstruktion von Hochleistungs-Riggs für schnelle Jollen und Yachten ausgedient, musste sich eines Besseren belehren lassen. Derzeit erlebt er in anderer, dem klassischen Vorbild nachempfundener Ausführung sein Comeback, allerdings unter neuem Namen. Die Bezeichnung Gennakerbaum resultiert von dem Namen des Segels, das an dieser Spiere gefahren wird. Die Wortschöpfung Gennaker setzt sich zusammen aus der Bezeichnung Genua und Spinnaker. Entsprechend ist der Gennaker ein Zwitter aus beiden Segelformen.
Der Gennakerbaum wurde in Australien erfunden. Dort hatte man spezielle Jollen, die berühmten 14-Footer, entwickelt, die vor allem eines vermitteln sollten: optimalen Segelspaß bei höchsten Geschwindigkeiten im Gleitzustand auf Raumwindstrecken.
Sie benötigen hierfür ein besonders großes, bauchiges Vorsegel, das sich schnell setzen und bergen lässt. Es kann seine vielen Quadratmeter nur dann voll entfalten, wenn es ein gutes Stück vor dem Steven angeschlagen wird. Andernfalls würde es auf Kursen mit achterlichen Winden vom Großsegel abgedeckt werden. Hierfür kam nur eine spezielle Spiere infrage, die sich

Der Gennakerbaum wurde zuerst für die ultraschnellen Gleitjollen entwickelt. Er sorgt dafür, dass der Gennaker auch auf Kursen mit Backstagswind vollsteht – dem Hochgeschwindigkeitskurs dieser Akrobatenflitzer. (Foto: Greiser)

eigens zum Setzen des Gennakers aus dem Bug der Jolle herausziehen lässt. Der Gennakerbaum war geboren.

Die Idee des ausziehbaren Klüverbaums fand zahlreiche Nachahmer und setzte sich alsbald auch in Amerika und Europa durch. Der Gennaker, anfangs als Spielerei für einige wenige Geschwindigkeitsfanatiker abgetan, gehört heute zur Standardtakelage zahlreicher Jollen, kleiner Kajütkreuzer und hochseetauglicher Regattayachten.

Da dieses spezielle Vorsegel entsprechend bauchiger als eine Genua geschnitten ist, eignet es sich nur für Kurse mit raumen bis achterlichen Winden. Ein zusätzlicher Spinnakerbaum entfällt. Bei einer Halse wird der Gennaker wie eine normale Genua geschiftet. Allerdings wird er nicht platt vor dem

Ein sportlicher Kleinkreuzer vom Typ Dehler 18 unter Gennaker und Großsegel. Die Fock ist eingerollt. Der Gennakerbaum kann bei diesem Bootstyp in den Rumpf eingezogen werden. (Foto: Kiesel)

Wind gefahren, weil zum Ausstellen des Luv-Schothorns wiederum ein zusätzlicher Spinnakerbaum erforderlich wäre. Vielmehr kreutzt man auch vor dem Wind, fährt also nicht auf direkter Vorm-Wind-Linie von A nach B.

Das Segel wird nur bei Bedarf „fliegend“ gesetzt, also nicht mit Stagreitern an einem stationären Vorstag angeschlagen. Entsprechend ist eine feste Installation des – unterschiedlich langen – Gennakerbaumes nicht erforderlich.

Da bei den schnellen Gleitjollen jedes Gramm Gewicht zählt, wird der Gennakerbaum heute fast ausschließlich aus den leichten Kohlefasern, gebunden in Epoxidharz, gefertigt. Selten findet man Alubäume, zumal die Bruch- beziehungsweise Biegefestigkeit dieses Materials bei gleichem Gewicht erheblich geringer als bei Kohlefaserbäumen ist. Es sind ja keinerlei Absta-

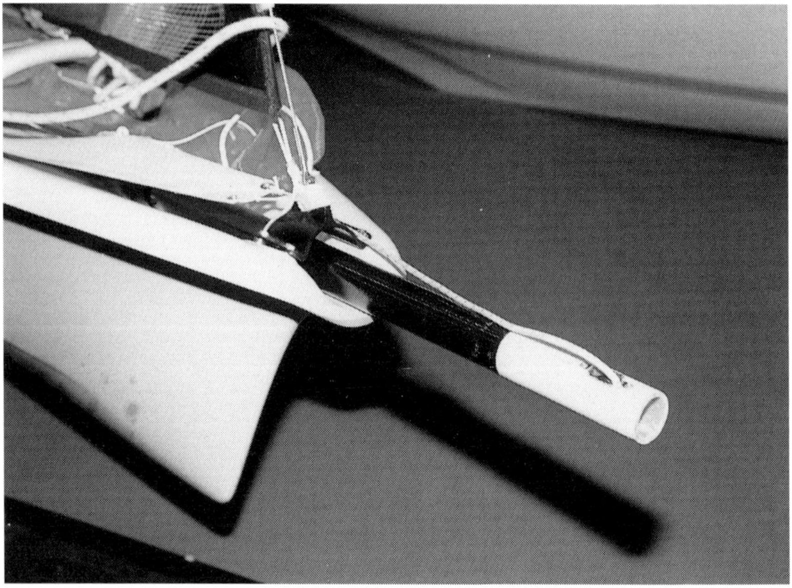

Bei dieser sportlichen Gleitjolle wird der Gennakerbaum an Deck gefahren. Er liegt in einer eingeformten Mulde, die mit einer Segeltuchpersenning abgedeckt ist. (Foto: Schwarzlose)

gungen möglich. Lediglich bei einigen Konstruktionen kommt nach dem Ausholen ein vom klassischen Klüverbaum her bekanntes Wasserstag zum Einsatz, das die vertikale Abspannung des Baumes reguliert.
Entsprechend ist auch die Einspannung des achteren Baumendes im Bootsrumpf schwierig. Ein ziemlich langes Stück des Baumes muss sich noch in der Tube des Bootsrumpfes befinden, damit die Scherkräfte aufgefangen werden können. Folglich ist die Gennakertube, eine zum Bootsinneren hin geschlossene Kunststoffröhre, aus der Mitte heraus versetzt, unter dem Seitendeck angeordnet, so dass der Gennakerbaum im ausgezogenen Zustand nicht in der Schiffslängsachse, sondern leicht schräge nach vorne übersteht. Selten findet man einen an Deck gehalterten Gennakerbaum, der dann ge-

wöhnlich in einer eingeformten Rinne läuft und mit speziellen Beschlägen fixiert wird.
Zum Ausholen des Baumes wird eine Ausholleine verwendet, während sich ein Einholer bei den meisten Konstruktionen erübrigt, weil der Baum beim Lösen der Ausholleine selbstständig durch den Zug der Gennakerschot in sein Gehäuse zurückfährt.
Bisher ist der Gennakerbaum stets nur bei einem 7/8-Rigg zur Anwendung gekommen, da alle modernen Gleitjollen und Regattayachten so getakelt sind. Theoretisch ist seine Installation auch bei einem Topp-Rigg möglich, doch sind hier die Belastungen aufgrund des noch größeren Vorsegels wesentlich höher.
Zweifellos hat der ausziehbare Gennakerbaum mit dem daran gefahrenen Gennaker der Regattasegelei neue Impulse gegeben, doch sei die Frage erlaubt, ob es sich hierbei nicht eher um eine Modeerscheinung handelt. Reicht nicht eine normale, am Steven angeschlagene Genua oder ein fliegend gefahrener Blister (ebenfalls ein Mittelding zwischen Spinnaker und Genua, nur bauchiger als ein Gennaker geschnitten) für die gehobenen Segelansprüche aus?
Meiner Meinung nach entfaltet der Gennaker am ausziehbaren Gennakerbaum seine wahren Vorteile nur bei den übertakelten, akrobatisch zu segelnden Gleitjollen, zumal er sich aufgrund des – im Vergleich zum Blister oder gar Spinnaker – relativ flachen Schnittes auch für Kurse bis etwa 50 Grad am Wind eignet. Dies ist ein wesentlicher Vorteil bei schnellen Raumgängen, denn je schneller das Boot fährt, desto spitzer fällt der scheinbare Wind ein, und desto dichter muss der Gennaker gefahren werden.
Da diese Gleitzustände von größeren Kajütyachten nicht oder nur selten erreicht werden, erübrigt sich hier die Installation eines Gennakerbaumes. Lediglich sportliche, leichte Kielyachten und Kleinkreuzer, die aufgrund ihrer Bauweise und Rumpfkonstruktion leicht ins Gleiten kommen, werden aus dem Gennaker Vorteile ziehen. Und hier hat sich auch der ausziehbare Gennakerbaum in Verbindung mit einem 7/8-Rigg durchgesetzt.

4 Riggs mit selbstwendenden Vorsegeln

Die Baumfock: Ein Oldtimer mit Zukunft

Das an einem Baum geführte Vorsegel ist etwa so alt wie die Hochtakelung der Yachten. Vereinzelt mag die Baumfock bereits in Verbindung mit einem Gaffelgroßsegel geriggt worden sein, doch ihren Durchbruch erlebte sie erst mit Einführung der klassischen hochgetakelten Slups mit niedrigem Vorstagansatz und relativ kleiner Fock, welche den Mast nicht überlappte. Von jeher war die Baumfock übrigens ein Schwerwetter- und Am-Wind-Segel, das seine Stärken auf Kreuzkursen zeigte. Es wurde – und wird – bei Windstärken ab etwa 4 bis 5 Beaufort gesetzt, wenn die Genua oder ein anderes Leichtwindsegel nicht mehr tragbar ist. Mit Einführung der Topp-Takelung wurden auch Vorsegel mit einem Baum ausgerüstet, deren Vorstag bis zum Masttopp reichte. Nach Einführung der RORC-Vermessungsformel verschwand auf den damals regattafähigen Yachten die Baumfock vollständig, denn die Riggs waren ja für große, weit überlappende Vorsegel ausgelegt. Erst mit dem Aufkommen der gemäßigten Topp-Takelung entsannen sich manche Fahrtensegler wieder der Vorteile der Baumfock, und so hat sich ihre Konstruktion bis auf den heutigen Tag erhalten.

Der Fockbaum wird drehbar auf einem Lagerbock gehaltert, der zwischen 10 und 20 Prozent der Unterliekslänge hinter dem Anschlagpunkt des Vorsegelhalses auf dem Vordeck verankert ist. Seine Länge ist so bemessen, dass das Vorsegel-Unterliek gut durchgesetzt ist, wenn das Schothorn zur Baumnock hin durchgeholt wird. Auf jeden Fall muss die Baumnock beim Schwenken frei vor dem Mast passieren können. Unterhalb der Baumnock ist die Talje der Fockschot angeschlagen, die zu einem Läufer auf dem sogenannten Leu-

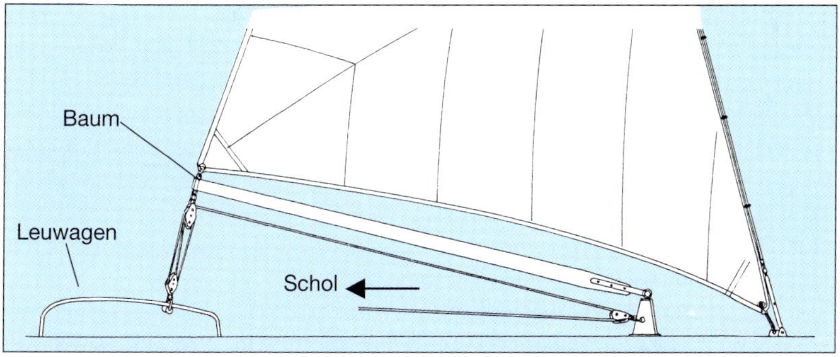

Bei der traditionellen Anlage wird der Fockbaum mit einem Lümmelbeschlag drehbar auf einem Bock gelagert. Die an der Baumnock angreifende Schot läuft auf einem Rohrbügel (Leuwagen), führt zum Lagerbock zurück und von dort zum Cockpit. (Zeichnung: „Seemannschaft")

wagen führt. Dies ist ein an Deck befestigter Stahlbügel, der an den Enden leicht abwärts gebogen ist. Mit der Einführung des Travellerschlittens ersetzte eine gerade Travellerschiene den Leuwagen – ein heute noch gebräuchliches System.

Die Fockschot läuft, vom Fußblock der Talje kommend, zuerst nach vorn zu einem Umlenkblock, der unterhalb des Baumes am Lagerbock angeschlagen ist, und von dort nach achtern zum Cockpit.

Gegenüber dem nachfolgend beschriebenen Gabelbaum- und Trecker-System hat die Baumfock einen entscheidenden Nachteil: Fällt der Wind raumer ein, so wird die Schot entsprechend aufgefiert. Aufgrund der achterlichen Position des Lagerbocks verändert sich die Unterliekspannung beim Ausschwenken des Baumes. Das Unterliek kommt loser und das Profil des Vorsegels wird bauchiger. Außerdem steigt der Fockbaum mit der achterlichen Nock nach oben, wodurch das Achterliek der Fock sich im oberen Bereich öffnet. Das gesamte Profil verwindet sich, die Vortriebskraft wird geringer.

Beim Segeln vor dem Wind erübrigt sich das Ausbaumen des Vorsegels. Nur bei leichten Winden muss unter Umständen ein Bootshaken oder kurzer Spi-Baum zu Hilfe genommen werden.

Beim Kreuzen gibt es indessen häufig Probleme mit Reibungen des Läufers auf dem Leuwagen beziehungsweise auf der geraden Travellerschiene. Je weiter Schlitten oder Läufer zum Ende der Traverse gelangen, desto größer wird die Taljenspannung und damit die Reibung. Häufig muss die Fockbaumschot daher vor der Wende aufgefiert und anschließend wieder dichtgesetzt werden – eine Maßnahme, die sich durch den Einsatz der Selbstwende-Baumfock ja gerade erübrigen soll. Da die Baumfock aber – wie bereits gesagt – in der Regel als Schwerwetter-Vorsegel eingesetzt wird, klappt es mit dem Überkommen des Baumes meistens doch recht gut.
Nachteilig ist außerdem, dass auf größeren Yachten ein entsprechend schwerer Fockbaum nicht ungefährlich für die auf dem Vordeck arbeitende Mannschaft ist, und dass er immer irgendwo an Deck im Wege ist, wenn man ihn nicht benötigt. Andererseits lässt sich die geborgene Fock gut auf dem seitlich an der Reling gelaschten Fockbaum auftuchen und mit einer Persenning abdecken, so dass dieses Segel nicht unter Deck verstaut werden muss und stets zur Hand ist.
Inzwischen haben Konstrukteure den Fockbaum neu entdeckt. Aus leichtem, aber sehr hartem Aluminium oder aus Kohlefasern gefertigt, feiert er sein Comeback auf kleinen Serienkreuzern und modernen Yachteinzelbauten. Die Vorzüge sind eben selbst durch die nachfolgend beschriebenen Selbstwende-Systeme noch nicht überholt, und es müssen keine speziellen Vorsegel angeschafft werden. Die Fock ist beliebig austauschbar.

Die Selbstwendefock: Eine Rundschiene an Deck

Die baumlose Selbstwendefock löste die Baumfock ab, wobei sich ihre große Verbreitung aber erst mit dem Aufkommen der modernen 7/8-Takelungen einstellte. Während die Installation einer Baumfock stets nach Bedarf beziehungsweise auf Wunsch des Eigners bei jedem hierfür geeigneten Rigg erfolgte, wird bei vielen modernen Yachten das Rigg ebenso wie die Decksform extra für den Einsatz einer baumlosen Selbstwendefock konstruiert.
Vor allem, wenn die Selbstwendefock das Standardvorsegel bei leichten bis starken Winden sein soll, müssen im Vorsegel alle Quadratmeter an Segel-

Gebogene Travellerschiene mit einem eingeformten Lager im Deck für die Selbstwendefock. Die Schot führt vom Umlenkblock etwa 2 Meter über Deck in den Mast, tritt nahe dem Mastkoker wieder aus und läuft über Blöcke nach achtern zum Cockpit.

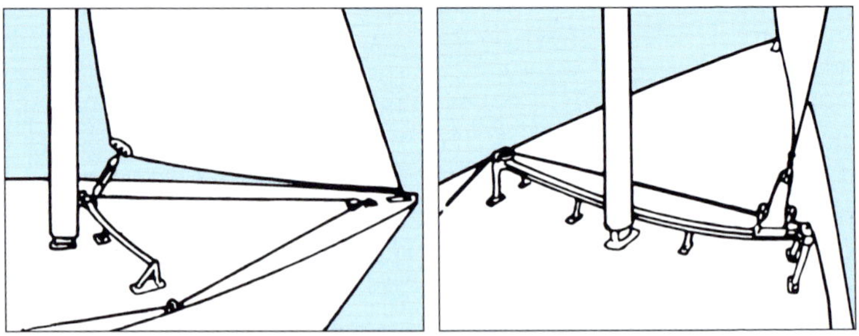

1 2

1 Über eine doppelte Talje oder – auf kleinen Booten – über einen einfachen Umlenkblock läuft die Schot zum Steven und von dort einpartig nach achtern ins Cockpit.

2 Bei dieser Schotvariante laufen beide Tampen ins Cockpit. Es wurde keine Untersetzung vorgesehen. Die Reibung ist aufgrund der drei Blöcke sehr hoch.

fläche untergebracht werden, die für den optimalen Vortrieb des Bootes erforderlich sind. Wir haben es also wieder mit der klassischen 7/8-Takelung zu tun, bei der das Großsegel voluminös ist und kurzfristig gerefft werden muss, während die Selbstwendefock praktisch alle Windstärken bis hin zum Starkwind abdeckt. Und wie erfolgreiche Regattayachten beweisen, lassen sich mit dieser Segelkombination hervorragende Geschwindigkeiten und Kreuzeigenschaften erzielen.

Die Selbstwendefock besteht aus der Travellerschiene, dem Traveller, der Schottalje und einer speziellen kurzen Metallplatte mit mehreren Lochbohrungen am Ende des Vorsegelschothorns. Je nachdem, ob die Schot in ein vorliches oder achterliches Loch eingeschäkelt wird, verändern sich Segelprofil und Achterliek- sowie Unterliekspannung. Bei modernen Regattariggs gehören noch zwei Stopper auf der Travellerschiene dazu, mit deren Hilfe der Traveller weit mittschiffs gefahren werden kann. Statt der Stopper ist auch ein System mit einer speziellen Trimmleine für den Travellerschlitten möglich, die vom Cockpit aus bedient wird.

Bei leichten und mittleren Winden wird der Traveller innen gefahren und die Schot im hinteren Loch eingeschäkelt. Dadurch erhält das Segel ein volleres Profil, während das Achterliek geschlossen bleibt. Bei viel Wind wird die Schot hingegen im vorderen Loch eingeschäkelt und der Traveller nach außen versetzt. Dadurch wird das Segelprofil flacher und das Achterliek öffnet sich.
Wie gut eine baumlose Selbstwendefock funktioniert, hängt in erster Linie von dem richtigen Radius der Travellerschiene ab. Im Gegensatz zu ihrem Einsatz für die Baumfock ist sie hier nämlich nicht gerade, sondern kontinuierlich gebogen, wobei die Krümmung dem Kreisbogen angepasst ist, den das Schothorn der Fock beim Wenden von Backbord nach Steuerbord oder umgekehrt beschreibt. Die Distanz zwischen Schothorn und Schiene bleibt also bei der Schwingbewegung des Segels nahezu unverändert. Bei manchen Bootstypen haben die Konstrukteure das Vordeck beziehungsweise den vorderen Kajütsaufbau gleich so konkav geformt, dass die gebogene Travellerschiene überall auf dem Kunststoff aufliegt und daher leicht befestigt werden kann. Bei der Nachrüstung müssen verschieden hohe Stützen an Deck montiert werden.
Die Schot wird als einfache oder mehrpartige Talje vom Schothorn zum Traveller-Umlenkblock geführt und von dort nach vorn zu einem Umlenkblock, der beim Anschlagpunkt des Fockhalses im Stevenbeschlag eingeschäkelt ist. Von hier aus führt die Schot zum Cockpit.
Es gibt sehr unterschiedliche Taljensysteme je nach Größe der Fock. Neu ist die Variante, bei der die vom unteren Traveller-Umlenkblock kommende Schot nicht nach vorn zum Bug, sondern nach oben zum Mast geführt wird, wo sie etwa zwei Meter über dem unteren Schot-Umlenkblock durch eine Rolle in das Profil eintritt und am Mastfuß über eine Fußrolle wieder herauskommt. Vom Mastfuß wird die Schot dann über die Rollenbatterien auf dem Kajütsdeck zum Cockpit geleitet – etwas umständlich für meinen Geschmack, aber immerhin bewährt. Zumindest hält man sich das Vordeck von der Schotleine frei, auf der man ansonsten bei Spinnaker-Manövern leicht ausrutschen kann.
Und noch etwas ist für das einwandfreie Funktionieren der Selbstwendefock von Wichtigkeit: der Neigungswinkel der Travellerschiene. Nur wenn dieser stimmt, nimmt der Traveller die Zugkräfte von Schottalje und Schot gleich-

mäßig auf, und es kommt zu keiner Verkantung. Daher muss die Resultierende aus dem Winkel von Schottalje und dem nach vorn laufenden Schotende mit der Basis der Travellerschiene einen Winkel von 90 Grad bilden (siehe Zeichnung).
Man sieht also, so einfach ist die Konstruktion und fachgerechte Installation einer Selbstwendefock nicht. Nur wenn die Symmetrie aller Bauteile stimmt, funktioniert das selbständige Überkommen der Fock einwandfrei.
Und man kann nicht alles haben. Mancher Eigner wünscht sich eine Selbstwendefock, die sich mit einer Rollanlage einrollen und auch reffen lässt. Das Einrollen mag noch angehen, obwohl man hierfür aufgrund der Talje viele Meter laufende Schot auffieren muss, doch das Reffen funktioniert nicht. Hierbei verändert sich, je nach Reffstufe, der Zugwinkel der Schot, so dass es zu einer Vertrimmung der Fock und zu einem Verkanten des Travellerschlittens kommt. Für Sturmsituationen ist ein speziell geschnittenes Vorsegel erforderlich, ebenso wie man bei sehr schwachen Winden ein fliegend gefahrenes Leichtwindsegel setzen sollte.
Einen dicken Pluspunkt kann diese Selbstwendefock dennoch für sich verbuchen: Es ist von allen vorgestellten Selbstwendesystemen das preiswerteste.

Die HS-Fock: Ein Gabelbaum fürs Vorsegel

Sowohl bei der Baumfock als auch bei der baumlosen Selbstwendefock treten immer wieder Probleme durch die Schienen- und Travellersysteme auf. Es müsste ein Vorsegel-Selbstwendesystem geben, das ohne Leuwagen oder Travellerschiene auskommt, sagte sich der Autor dieses Buches und entsann sich der Vorzüge des Gabelbaumes. Warum sollte dieser nicht ebenso gut wie ein Großsegel auch ein Vorsegel ausstellen können?
Zusammen mit einem Elmshorner Segelmacher entwickelte er 1980 die nach ihm benannte HS-Fock, die inzwischen auf vielen Yachten eingesetzt wird. Das Prinzip ist recht einfach: Ein serienmäßig hergestellter Surfboard-Gabelbaum wird in der Winkelhalbierenden von Unter- und Achterliek vom Vorstag zum Schothorn der Fock geriggt. Das Schothorn wird mit zwei Schothornaus-

holern zur achteren Gabelbaumnock hin durchgesetzt, wobei die Ausholer durch Blöcke umgelenkt und mit Klemmen auf beiden Gabelholmen fixiert werden.

Die Spannungsverhältnisse sind abhängig vom Winkelansatz des Gabelbaumes sowie von den Holepunkten der Schot an Deck. Die Tiefe des Segelprofils lässt sich mit den Schothornausholern direkt auf dem Gabelbaum regulieren. Werden die Ausholer stramm dichtgesetzt, zeigt das Segel ein flaches Profil (Starkwind), werden sie aufgefiert, wölbt es sich stärker (Leichtwind).

Bei der Erprobung der Gabelbaumfock zeigten sich indessen bald die ersten Probleme: Der relativ kurze serienmäßige Gabelbaum eignete sich nur für

Die HS-Fock wird mit einem handelsüblichen Windsurfer-Gabelbaum ausgestellt, der mit seiner vorderen Nock am Vorstag angreift. Die Schotung der Fock erfolgt über zwei Trimmleinen, die in ein Lochblech am Schothorn eingebunden sind, zur achteren Gabelbaumnock.

Yachten mit kleinen, schmalen Vorsegeln, wie sie für 7/8-Riggs typisch sind. Sobald das Boot größer und die Fock damit voluminöser war, musste ein Spezialbaum aus Aluminium angefertigt werden, was die Sache ziemlich verteuerte. Heute gibt es Surf-Gabelbäume, die je nach Segelgröße teleskopisch ausgezogen werden können, so dass sie sich auch für etwas größere Vorsegel eignen.

Kritisch war außerdem der Druckpunkt des Gabelbaumes am Vorstag: Wurde der Winddruck im Segel stärker, knickte das Vorstag im Ansatzpunkt des Baumes nach vorn ein. Die Folge waren Faltenbildung und eine Vertrimmung des Segels. Erst eine spezielle Fock mit einem Ausschnitt im Vorliek und einer eingearbeiteten Kausch, in der die vordere Gabelbaumnock eingehängt wird, eleminierte diesen Nachteil, weil die Kräfte auf das Vorliek der Fock und das Vorstag ziemlich gleichmäßig verteilt werden. Die vordere Baumnock liegt nur mit einer kleinen, lederummantelten Gabel am Vorstag an. Gabelbaum und Segel bilden also ein zusammenhängendes System und werden als solches auch gemeinsam über Rutscher am Vorstag gesetzt oder geborgen. Voraussetzung für das einwandfreie Funktionieren der HS-Fock ist ein stramm durchgesetztes Vorliek und Vorstag.

Die Vorteile dieser Selbstwendeeinrichtung werden beim Segeln deutlich: Da keine Schiene und kein Traveller vorhanden sind, kommt die Fock weich, ohne starkes Killen und ohne Hemmung über. Bei richtigem Trimm ist der Stand des Segels sehr gut, und das Boot kann hoch an den Wind gelegt werden, weil eine weit innen liegende Schotung möglich ist. Mit raumem Wind schwingen Fock und Gabelbaum gleichmäßig aus, wobei sich das Segelprofil nicht so stark wie bei der Baum- und Selbstwendefock verändert, die optimale Anströmung also weitgehend erhalten bleibt. Allerdings verändert sich die Achterliekspannung und damit das Segelprofil bei raumen Winden doch etwas ungünstig, da der Gabelbaum beim Auffieren leicht ansteigt. Dennoch dürfte der Vortrieb mit raumen Winden günstiger als bei der Selbstwende- oder Baumfock sein. Vor dem Wind zeigen sich die Vorzüge am deutlichsten, da die Fock hier durch den querabstehenden Gabelbaum in der besten Position fixiert wird. Ein Spi-Baum zum Ausstellen erübrigt sich.

Alles nur Vorzüge, sollte man meinen? Es gibt auch etliche Nachteile. Zuerst die Kosten: Die Anfertigung eines speziellen Gabelbaumes aus harten biegefesten Aluminiumprofilen ist teuer. Ebenso ist eine speziell gearbeitete Fock erforderlich, wobei eventuell eine vorhandene kleine Fock nachgearbeitet werden kann. Ferner ist der Gabelbaum bei einer größeren Yacht ein ziemlich schweres und voluminöses Geschütz, das nicht nur einigen Krafteinsatz beim Segelsetzen erfordert, sondern in unbenutztem Zustand auch irgendwo an Deck gelascht werden muss. In der Regel bietet sich hierfür die Seereling an. Will man die Fock nicht innerhalb oder auf dem Gabelbaum auftuchen – was nicht besonders „schiffig" aussieht –, so muss sie nach jedem Einsatz abgeschlagen und vor dem Setzen am Baum entsprechend angeschlagen werden – eine ziemlich umständliche Prozedur.

Das Riggen einer Rollfock ist bei diesem System nicht möglich. Außerdem muss bei sehr leichten Winden die HS-Fock ganz geborgen und hierfür eine Leichtwindgenua am Vorstag oder ein Blister fliegend gesetzt werden, desgleichen bei Sturm eine Sturmfock. Wie die Erfahrungen gezeigt haben, erfüllt die Gabelbaumfock nur bis etwa 6 Windstärken auf Am-Wind-Kursen zufriedenstellend ihre Aufgabe, danach wird der Druck auf das Vorstag zu groß, so dass sich das Segelprofil verändert.

Diese Nachteile, vor allem aber das umständliche Handling mit dem voluminösen Gabelbaum auf dem Vordeck, mögen der Grund dafür sein, warum sich die HS-Fock auf größeren Yachten nicht durchgesetzt hat. Allerdings sind gerade in jüngster Zeit amerikanische Yachten auf den Markt gekommen, bei denen das Vorsegel nach dem HS-Prinzip ausgestellt wird. Es wird hierfür jedoch kein Gabelbaum, sondern eine speziell gebogene, in das Segel eingearbeitete Kunststofflatte verwendet.

Auf kleineren Yachten bis etwa acht Meter Länge ist die Gabelbaumfock leicht einzusetzen, und hier hat sie auch ihre meisten Anhänger gefunden. Dabei ist es gleichgültig, ob es sich um ein Topp-Rigg oder ein 7/8-Rigg handelt, wobei allerdings das ohnehin kleinere Vorsegel bei einer 7/8-Takelung dem System entgegenkommt, speziell dann, wenn die Kreuzfock als Allwettersegel dient.

Die Trecker-Fock: Ein vorbalancierter Baum

Als viertes System für ein selbstwendendes Vorsegel hat sich in den letzten Jahren die sogenannte Trecker-Fock durchgesetzt. Sie wird auf einem Fockbaum angeschlagen, der nicht mit seiner vorderen Nock wie ein herkömmlicher Fockbaum an Deck befestigt ist. Vielmehr liegt die Drehachse etwa 25Prozent hinter der vorderen Baumnock. Dadurch ist das Segel vorbalanciert, was den Schotzug gegenüber einer normal gefahrenen Fock bis zu 75 Prozent reduziert.
Die Idee ist nicht neu. Seit vielen Jahren gehört ein Vorsegel mit asymmetrisch angeschlagenem Fockbaum bei den Modellyachten zum Standard. Schon der legendäre amerikanische Yachtkonstrukteur Nathaniel Herreshoff sowie der deutsche Segeltüftler Manfred Curry experimentierten mit vorbalancierten Vorsegeln. Aber erst zwei deutschen Segelmachern gelang in gemeinsamer Arbeit ein Konzept, das heute unter der geschützten Bezeichnung Trecker-System vermarktet wird. Bei der Trecker-Fock sind Vorstag und -liek nicht an Deck befestigt, sondern am vorderen Baumende. Der Fockbaum wird mit einem Drahtstander und einem Drehwirbel in einem speziell montierten Pütting auf dem Vordeck angeschlagen. Von der achteren Baumnock bis zum Toppbeschlag der Fock ist eine solide, feste Dirk aus Draht geriggt. Dirk, Baum und Vorstag bilden also ein drehbares Dreieck. Die Fock wird am Vorstag mit Stagreitern gefahren, so dass sie leicht gesetzt und geborgen beziehungsweise gerefft werden kann, und hat ein loses Unterliek. Ungewöhnlich ist die komplette Durchlattung des Vorsegels mit mehreren Latten je nach Vorliekslänge. Zusätzlich zum Baumvorstag muss noch ein herkömmliches Vorstag geriggt werden, das am Steven angeschlagen ist.
Die Vorteile des Systems sind neben dem erwähnten geringeren Schotzug vielfältig. Bedingt durch die Geometrie des Trecker-Systems behält das Treckersegel bei allen Anstellwinkeln die gleiche Form und damit – eine richtige Einstellung vorausgesetzt – auch auf Raumwind-Kursen eine optimale Anströmung. Während sich das Vorsegel bei einem konventionellen Fockbaum nach dem Auffieren der Schot im oberen Bereich öffnet, weil der Baum nach oben steigt und das Profil sich verdreht beziehungsweise tiefer wird (siehe Kapitel über die Selbstwende- und Baumfock), verändert sich die aero-

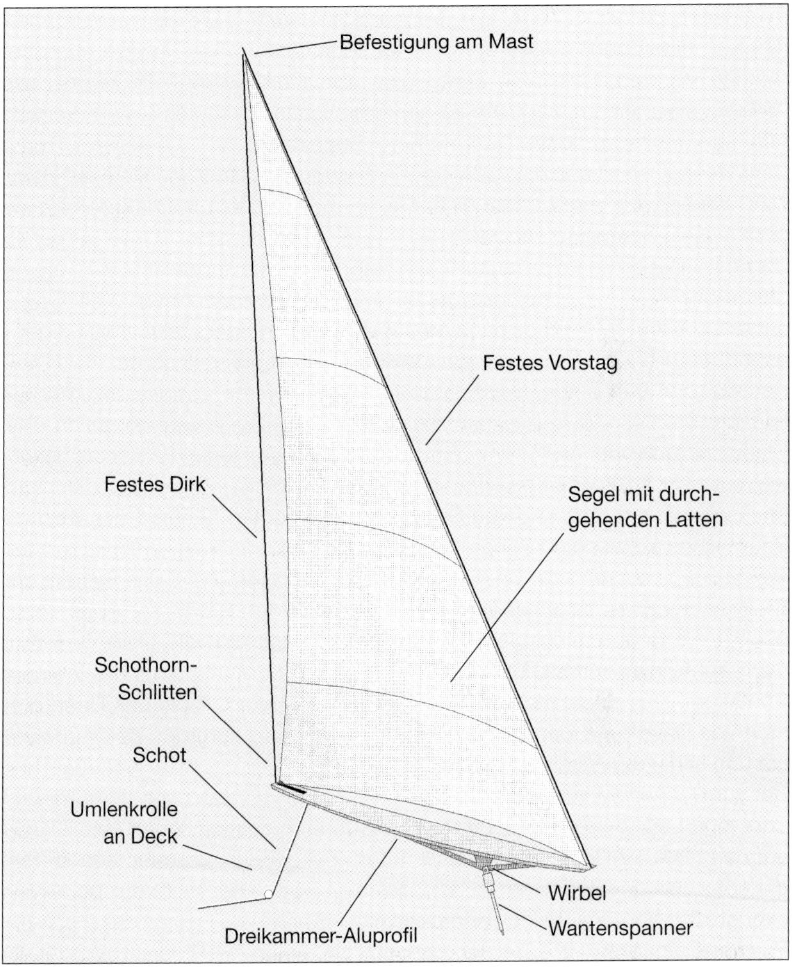

Mit Fockbaum, Vorstag und Dirk bildet die Trecker-Fock ein konstantes, drehbares Dreieck. Mit dem Schothornschlitten auf dem Trecker-Baum kann die Unterliekspannung und damit das Fockprofil verändert werden.

dynamisch günstige Form der Trecker-Fock auch auf Raumwind-Kursen nicht. Entsprechend liegen die größten segeltechnischen Vorteile auch bei raumen Winden. Hierdurch ergibt sich auf allen Kursen, die raumer als 45 Grad sind, ein im Vergleich zu herkömmlichen Vorsegeln bis zu dreifach höherer Wirkungsgrad pro Quadratmeter Segelfläche.

Sehr wesentlich ist auch die geringere Krängung der Yacht vor allem auf Halbwind-Kursen. Im Vergleich zu einer Genua mit gleichem Vortrieb beträgt sie nur etwa ein Sechstel.

Darüber hinaus kann die Trecker-Fock aufgrund eines speziellen Reffsystems unkompliziert vom Cockpit aus gerefft werden. Das Smeerreep ist als Einleinenreff geschoren. Wird es nach dem Fieren des Fockfalls im Cockpit durchgeholt, zieht es gleichzeitig das Schothorn sowie den Segelhals der jeweiligen Reffstufe auf den Baum, wobei das Profil flacher wird – ein gewünschter Effekt bei Starkwind. So hat man mit dem Trecker-System auch gleich eine Starkwindfock oder gar Sturmfock zur Verfügung. Auf jeden Fall ist die gereffte Trecker-Fock einer eingerefften beuteligen Rollfock überlegen.

Im Gegensatz zu den anderen Selbstwendesystemen benötigt der Trecker-Baum keine aufwendige Schotung über Schienen und Travellerschlitten oder mehrere Blöcke an Deck. Da die Schotkräfte gering sind und das System der Baumaufhängung für einen immer gleichbleibenden Stand der Fock sorgt, genügt ein Schotumlenkblock mittschiffs an Deck, um die einzelne Schot nach achtern zu führen. Vor dem Wind entfällt die Ausbaumung mit einem Spi-Baum. Das Segel steht zuverlässig vor dem Wind. Auch das Überkommen von Baum und Segel in der Wende funktioniert aufgrund der Vorbalancierung sehr zuverlässig und weich.

Bei schwachem Wind wird zusätzlich ein Blister fliegend vor dem Vorstag oder eine Leichtwindgenua am regulären Vorstag gesetzt. Auch eine einzeln auf dem Trecker-Baum zu setzende Sturmfock wird inzwischen angeboten, die aufgrund der Reffstufen in der normalen Fock aber wohl nur bei einem sehr großen Vorsegeldreieck erforderlich sein wird.

Prinzipiell eignet sich die Trecker-Fock sowohl für ein 7/8-Rigg als auch für ein Topp-Rigg, wobei letzteres prädestiniert ist, weil es gewöhnlich ein großes Vorsegeldreieck hat. Je mehr Quadratmeter die Trecker-Fock im Vergleich zum Großsegel aufweist, desto günstiger wirkt sich dies auf den Vortrieb aus.

Der speziell konstruierte und verstärkte Trecker-Baum wird mit Hilfe eines Drahtstanders und Wirbels auf dem Vordeck angeschlagen. Die Drehachse liegt etwa 25% hinter der vorderen Baumnock.
Vor dem Wind steht die Trecker-Fock gut ausbalanciert und benötigt keine Ausstellung mit dem Spi-Baum. (Fotos: Greiser)

Aber auch ein kleineres Vorsegel bei einem 7/8-Rigg kann mit dem Trecker-System ausgerüstet werden.
Die Nachteile sind nicht vielfältig, aber doch gravierend: Erst einmal ist der hohe Anschaffungspreis ins Kalkül zu ziehen. Von allen Selbstwendefock-Systemen ist das Trecker-System das teuerste. Bestehende Vorsegel können nicht verwendet werden. Zum Anschlagen des Trecker-Baumes muss ein solides Pütting fest im Vordeck verankert werden – eine konstruktionstechnisch nicht immer ganz einfache Sache.
Im Hafen oder bei Arbeiten auf dem Vordeck ist der ständig mittschiffs angeschlagene Baum im Wege. Man kommt schlecht an ihm vorbei von der einen zur anderen Decksseite, und letztlich muss die Fock im Hafen wie ein Großsegel auf dem Baum aufgetucht und mit einer Persenning abgedeckt werden – was mancher aber auch als Vorteil ansehen mag.
Dennoch sind alle Eigner, die ich nach ihren Erfahrungen mit der Trecker-Fock gefragt habe, des Lobes voll und würden sie sich bei einem neuen Schiff wieder installieren lassen.

5 Riggs für den speziellen Bedarf

Das Langfahrt-Rigg: Passatsegel sind passé

Die weitverbreitete Meinung, ein Langfahrt-Rigg müsse besonders schwer und stark gebaut sein, um den Stürmen auf hoher See trotzen zu können, muss heute relativiert werden. Es ist richtig, dass ein Rigg während der langen Ozeanpassagen ganz anders beansprucht wird als auf Wochenend-Kurztörns. Doch sind es im allgemeinen nicht die kurzfristigen Höchstbelastungen während eines Sturmes, die zu gefährlichen Schäden oder gar zum Mastbruch führen. Ein fachmännisch konstruiertes und solide gebautes Rigg eines Serienfahrtenschiffes kann ohne weiteres Sturmsituationen im offenen Seeraum trotzen, eine entsprechende Segelführung und gute Seemannschaft vorausgesetzt.
Vielmehr führen Dauerbelastungen durch das ständige Arbeiten von Boot und Rigg im Seegang über viele Wochen, Monate oder gar Jahre zu Materialermüdungen, die sich dann bei kurzfristigen Höchstbelastungen, wie sie eben bei Stürmen oder extrem hohen Seegang auftreten, auswirken. Das Kriterium eines Langfahrt-Riggs ist also nicht die Überdimensionierung von Wanten und Stagen, sondern deren Befestigung am Mast beziehungsweise am Rumpf. Hier werden viele Fehler gemacht.
Oberstes Gebot muss sein, dass alles stehende Gut sich in seinen Rumpfaufhängungen frei nach allen Seiten bewegen kann. Hierfür sorgen sogenannte Toggle, gabelförmige Gelenkstücke zwischen Rumpf, Pütting und Wantenspanner. Kritischen Belastungen sind vor allem die Vorstagen ausgesetzt. Hier sind doppelte Toggle vorteilhaft, desgleichen beim Achterstag. Püttings und ihre Einleitung beziehungsweise Befestigung im Rumpf sowie Toggle,

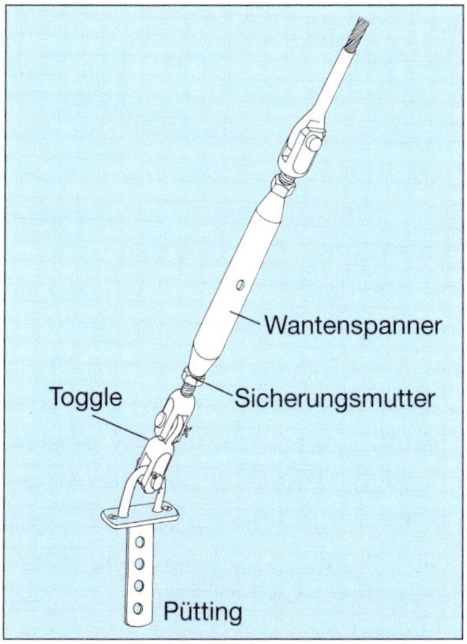

Vor allem Wantenspanner und -pressungen sind durch Ermüdungserscheinungen gefährdet. Toggle-Gelenkstücke zwischen Spanner und Pütting sind wichtig. (Zeichnungen: „Seemannschaft")

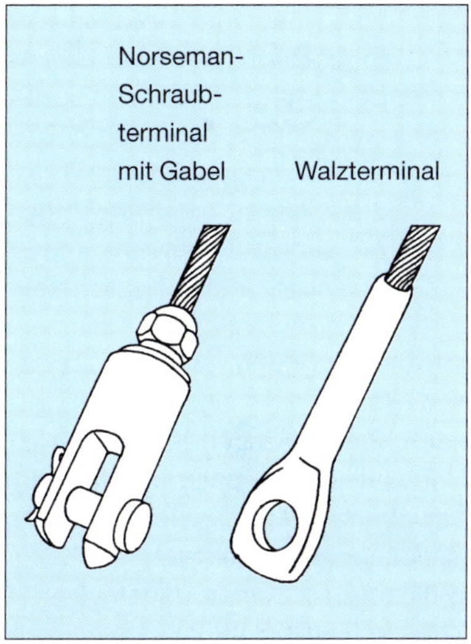

Bewährt haben sich Norseman- oder Schraubterminals (links) zum Einspannen der Wantendrähte, da die einzelnen Kardeele nicht, wie bei den Walzterminals (rechts), abgequetscht werden können.

Wantenspanner und die dazugehörigen Bolzen dürfen bei einem Langfahrt-Rigg überdimensioniert sein. Alle Teile müssen aus dem gleichen Material bestehen, weil sonst elektrolytische Korrosion eintritt. Ohnehin sind Korrosion und Elektrolyse die ärgsten Feinde des Langfahrt-Riggs. Schon bei geringen Anzeichen von Korrosion an den Mastbeschlägen müssen Auswechselungen vorgenommen werden, oder die mit Aluminium in Berührung kommenden Nirobeschläge müssen durch Unterlage von Kunststoffplatten neu beziehungsweise besser isoliert werden.

Besonders kritisch sind auch die Aufhängungen der Wanten am Mast. Bei modernen Riggs werden sie mit einem umgebogenen Kopfterminal, dem so-

genannten T-Terminal, in ein Mastschloss mit entsprechender Gegenplatte im Mast eingehängt. Diese auf den Mast gepoppten Metallplatten aus nichtrostendem Stahl mit dem Einhängeschloss in der Mitte müssen praktisch alle Kräfte aufnehmen, die durch den Zug des jeweiligen Wants entstehen können. Hier kommt es bei wechselnden Dauerbelastungen sehr leicht zu Rissen, die letztendlich zu einem Ausbrechen des Terminals führen. Eine ständige Kontrolle, auch auf See, ist während eines Langtörns unumgänglich.
Am häufigsten treten Riggschäden durch brechende Wanten und Stagen innerhalb oder direkt außerhalb der Walzterminals auf. Dies sind längere Metallhülsen mit einem Auge oder einer Gabel, die unter sehr hohem Druck auf den Drahttampen gepresst werden. Ist der Druck beim Pressen zu hoch, können bereits einzelne Drahtkardeele geschwächt oder abgequetscht werden. Häufiger noch brechen einzelne Kardeele durch die ständigen, leichten Knickbewegungen eben außerhalb der Presshülse beim Arbeiten des Drahtes im Seegang. Hat sich hier nur ein einziges Kardeel gelöst, oder sieht die Drahtwicklung nicht mehr ganz schier und gleichmäßig aus, muss das Terminal beziehungsweise Want sofort ausgetauscht werden.
Erfahrene Langfahrtsegler schwören daher auf die sogenannten Norseman- oder Gewindeterminals. Bei ihnen wird ein Metallkonus in einer Schraubhülse in die Kardeele des Drahtes geschoben, das Endstück eingesetzt und mit einer Kontermutter unter Zuhilfenahme von zwei Schraubenschlüsseln festgezogen. Das Aufsetzen eines Norseman-Terminals kann also jeder an Bord selbst erledigen. Seine Haltekraft ist – was Tests bewiesen haben – der von Walzterminals ebenbürtig oder sogar überlegen. Wichtigster Vorteil aber ist, dass hier keine Kardeele abgequetscht werden können, und dass diese bei ihrem Austritt aus der Terminalhülse „mehr Luft" haben, also Knickbelastungen besser verkraften können.
Werden diese Voraussetzungen beachtet, so kommt eine Langfahrtyacht mit einem normal dimensionierten Mastprofil aus.
Die Frage, ob ein Topp- oder 7/8-Rigg vorzuziehen ist, klärt schon die Tatsache, dass beim Langfahrtsegeln viele Vormwind- oder Raumwind-Strecken in den Passaten zu bewältigen sind. Hierfür benötigt man große Vorsegel, wie sie nur ein Topp-Rigg aufweist. Flexibilität beziehungsweise Trimmbarkeit des Riggs sind auf Fahrtenlangtörns wenig gefragt. Gewöhnlich wird eine Mast-

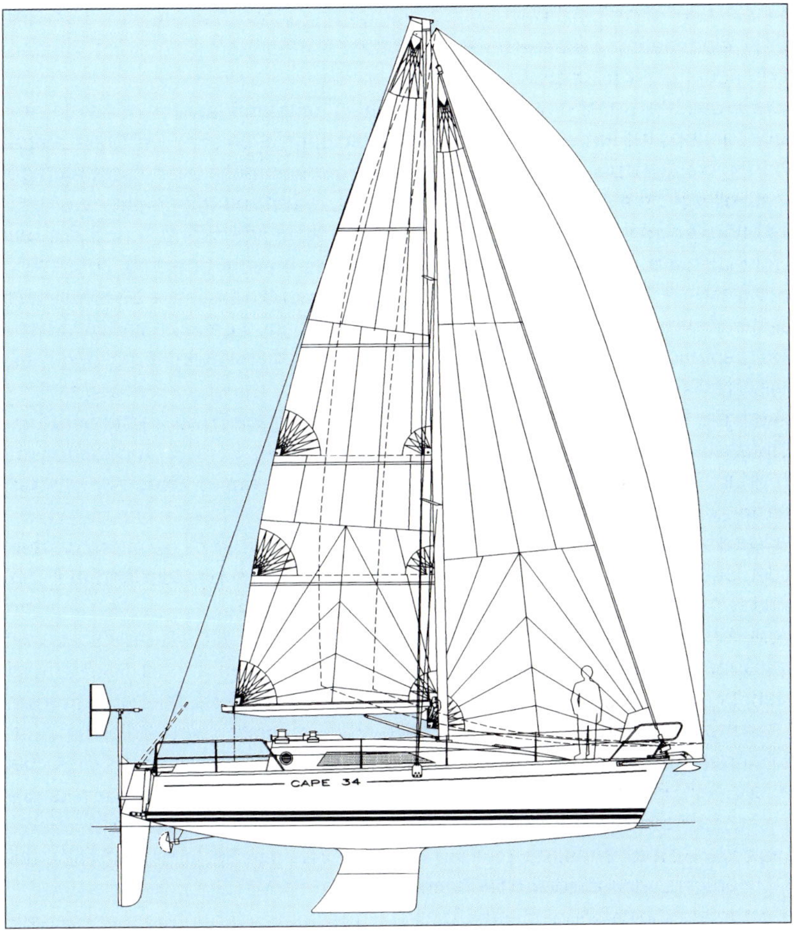

Der Konstrukteur Berckemeyer hat diese Langfahrtyacht mit einem modernen Topp-Rigg versehen. Der Spinnaker wird am kurzen begehbaren Bugspriet gefahren. Das Großsegel ist durchgelattet, und die nur wenig überlappende Genua kann über eine Rolle gerefft werden.

einstellung ohne Veränderung für alle Bedingungen beibehalten. Fast alle Langfahrtyachten, die nicht für Langstreckenregatten eingesetzt werden, haben daher ein Topp-Rigg.
Bis in die 80er Jahre hinein sah man auf den Langfahrtyachten noch die zwei überlangen, in Ruhestellung schräge oder parallel seitlich am Mast aufgehängten Passatbäume, weil man der Ansicht war, dass eine Yacht sich am besten vor dem Wind selbst steuern ließe, wenn sie quasi von zwei ausgebaumten gleichgroßen Vorsegeln mit hoch angesetztem Schothorn den Passatsegeln, gezogen würde. Heute ist diese Ansicht überholt, zumal eine Langfahrtyacht vor dem Wind oder mit raumem Wind höhere Geschwindigkeiten erzielt, wenn das volle Groß sowie die Genua gesetzt sind. Moderne Selbststeueranlagen können leicht die geringe Kursvertrimmung durch die unterschiedlichen Segelgrößen ausgleichen.
Auch der Umgang mit den normalen Segeln ist einfacher, sei es bei der Kursanpassung zur jeweiligen Windrichtung oder sei es bei der Anpassung zur herrschenden Windstärke. Folglich wird auf Vormwind-Strecken das mit einem Bullenstander auf der einen Seite gesicherte Großsegel und die auf der anderen Seite ausgebaumte Genua beziehungsweise Fock gefahren. Vorteilhaft ist ein Teleskop-Spinnakerbaum, der sich ausziehen lässt und ein optimales Ausstellen des Vorsegels ermöglicht.
Aufgrund dieser Erkenntnisse hat sich auch das von einer Kieler Firma entwickelte Varioturn-System, auch Allrounder genannt, überholt. Hierbei werden zwei gleichgroße ineinander liegende Genuas am Vorliek zusammengenäht und gemeinsam an einem Rollvorstag gefahren. Zwei seitlich am Mast in langen Schienen gehalterte Teleskop-Spinnakerbäume werden bei Bedarf abgefiert und in die aufgefächerten Schothörner der beiden Vorsegel eingepickt, so dass diese sich wie Passat- oder Schmetterlingssegel Backbord und Steuerbord entfalten lassen. Vorteil: durch das Einrollen mit Hilfe des Rollvorstags kann die Segelfläche bei aufkommendem Starkwind durch einen Zug an der Reffleine verkleinert und eventuell ganz weggenommen werden, wobei die beiden Passatbäume seitlich an das Vorstag klappen. Nachteile: Die Bäume sind groß und schwer, das Riggen und Schoten ist umständlich, desgleichen die Umtakelung für Am-Wind-Kurse, und die beiden Segel werden unkontrolliert auseinander geblasen, wenn sie, ineinander liegend, vor

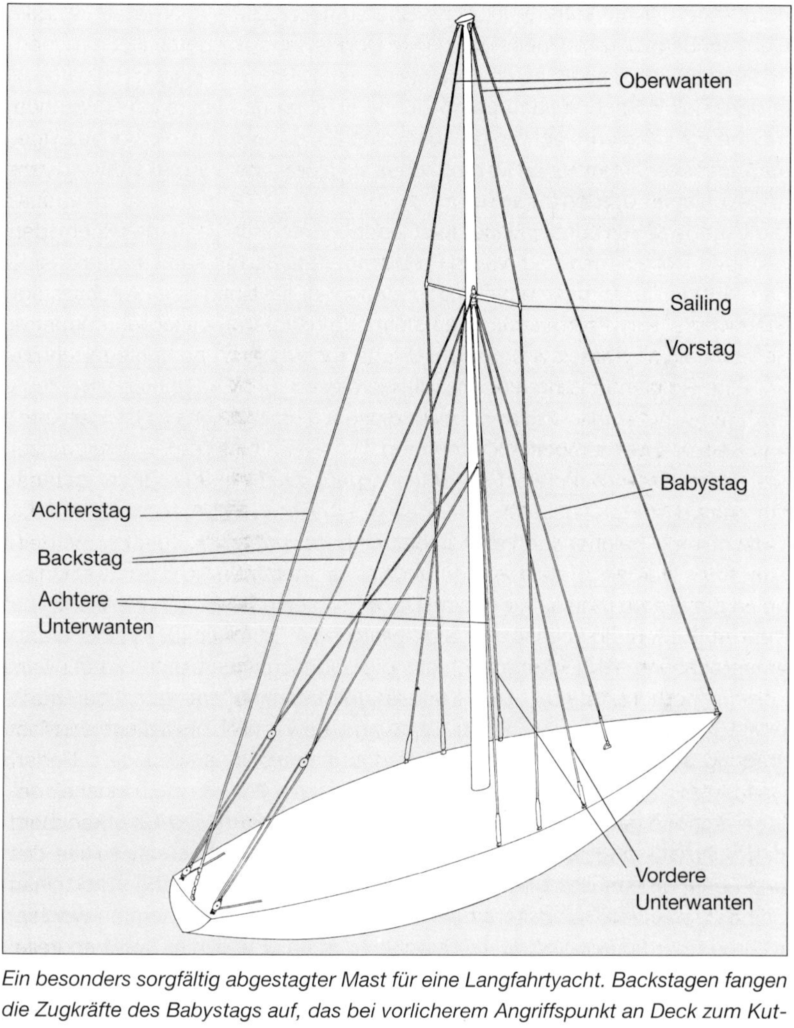

Ein besonders sorgfältig abgestagter Mast für eine Langfahrtyacht. Backstagen fangen die Zugkräfte des Babystags auf, das bei vorlicherem Angriffspunkt an Deck zum Kutterstag wird. (Zeichnung: „Seemannschaft")

dem Wind nur auf einer Seite ohne Baumunterstützung ausgestellt werden. Geht ein Segel kaputt, muss das ganze Doppelsegel ausgetauscht werden.
In diesem Zusammenhang ist auch die generelle Frage zu klären: Rollvorsegel ja oder nein? Nach meinen persönlichen Erfahrungen lehne ich Rolleinrichtungen auf Langfahrtyachten grundsätzlich ab, es sei denn, die Vorsegel sind aufgrund der Dimensionen so groß, dass sie nicht mehr von der Crew an- und abgeschlagen werden können.
Die Gründe liegen auf der Hand: Fast jeder Langfahrtsegler hatte mit entsprechenden Rollanlagen unterwegs Probleme – häufig mit katastrophalen Folgen. Auf den Seestrecken bleibt genügend Zeit für einen Segelwechsel, und Starkwinde oder Stürme kündigen sich langfristig an. Schließlich kommt es gerade bei Langtörns auf unterschiedliche Tuchstärken und Vorsegelschnitte an. Eine Rollgenua kann hier am allerwenigsten für Windstärken von Flaute bis Starkwind eingesetzt werden. In diesem Zusammenhang ist man auch von doppelten Vorstagen abgekommen. Bei einem einzelnen Vorstag entfällt die – meist komplizierte – Lastverteilung auf zwei nebeneinander geriggte Vorstagen.
Wesentlich hilfreicher kann da das bereits beschriebene Kutterstag sein. Auf Langtörns werden ja keine oder selten Wenden gefahren, so dass das Herumholen der Genua um das Kutterstag keine Probleme bereitet. Andererseits hat man am Kutterstag schnell eine Starkwind- oder Sturmfock zur Hand, die bei entsprechender Abdeckung auch ständig angeschlagen bleiben kann. Hinzu kommen die im Kapitel „Das Kutter-Rigg" beschriebene günstige Druckpunkt-Verteilung der Segel bei Starkwind sowie die zusätzliche Mastabstagung. Alle Vorsegel werden mit Rutschern angeschlagen.
Das Slup-Rigg ist klar favorisiert. Größere Yachten können auch ketsch-, seltener schonergeriggt sein, doch werden hier auf Vormwind-Strecken durch den Schmetterlingstrimm von Großsegel und Besan beziehungsweise Groß- und Schonersegel das oder die Vorsegel nahezu vollständig abgedeckt. Auch das Setzen eines Spinnakers oder Blisters, das heute auf Langfahrtyachten während der langen Vormwind-Strecken durchaus üblich ist, wird erheblich erschwert.
Das ideale Langfahrt-Rigg ist folglich ein modernes Kutter-Rigg mit einfachen Vorstagen. Der toppgetakelte Mast ist mit Oberwanten sowie vorderen und

achteren Unterwanten abgestagt. Vom Ansatzpunkt des Kutterstags am Mast führen Backstagen nach achtern. Der Umgang mit Backstagen fällt hier nicht ins Gewicht, da häufiges Kreuzen oder Halsen ja kaum vorkommt. Die Dimensionen des Mastes sowie des stehenden Gutes sollten dem vom Bootshersteller beziehungsweise Mastenbauer vorgegebenen Standard entsprechen, um eine unnötige Erhöhung des Toppgewichtes zu vermeiden. Lediglich die Endbeschläge, Wantenspanner sowie Püttinge und deren Einleitungen in den Rumpf sollten stärker als üblich ausgeführt sein. Hilfreich bei der Dimensionierung sind die Klassifizierungen des Germanischen Lloyd.

Das Einhandsegler-Rigg: Wenige Segel, leichte Bedienung

Moderne technische und elektronische Hilfsmittel machen es heute dem Einhandsegler leicht, eine Yacht sicher zu führen. Die speziell für die großen Einhand-Regatten konstruierten Rennmaschinen sind extrem schnelle Segelfahrzeuge, und doch meistern ihre Skipper alle Situationen, die auf einer Round-the-World-Regatta auftreten können. Die Riggs dieser Schiffe sind in keiner Weise speziell für die Einhandbedienung ausgelegt, sondern nur auf optimalen Vortrieb getrimmt. Die fehlenden Crewmitglieder werden durch zahlreiche technische Hilfsmittel ersetzt.
Hat sich damit die Konstruktion eines speziellen Riggs für Einhandsegler erübrigt? Es gibt – wie bei fast allen Sparten des Segelsports – große Unterschiede der Bedürfnisse eines Einhandseglers in Bezug auf die Bootsgröße, Ausrüstung und die Fahrtgebiete. Fangen wir bei den Freizeitseglern an, die nur „vor der Tür" auf Seen und Buchten allein schippern möchten. Sie haben die geringsten Probleme, denn praktisch eignet sich jede einmastige, catgetakelte Jolle gut für das Einhandsegeln. Bei den etwas größeren Daysailern ist es nicht anders, wobei sich hier aber – vor allem in England und Amerika – die bereits beschriebenen kleinen Cat-Schoner immer größerer Beliebtheit erfreuen. Zwei an Bäumen gefahrene Segel erfordern beim Kreuzen keine Schotkorrekturen, wenn sie optimal eingestellt sind.
Wer traditionellen Elementen zugetan ist, sollte sich für ein Spriet- oder Lug-

C
13

gersegel entscheiden. Speziell das Spriet-Rigg lässt sich am unkompliziertesten setzen und bergen. Beim Anlanden am Strand oder im Hafen kann die Spriet mit einem Handgriff entfernt werden, wodurch dem Segel die Vortriebskraft genommen ist. Ebenso ist ein Luggersegel von einer Person einfach zu setzen oder zu bergen. Das mühsame Einführen des Segelvorlieks oder der Großsegelrutscher in die Mastnut entfällt.

Sobald das Boot größer ist, eine Kajüte besitzt und für das Fahrtensegeln genutzt werden soll, müssen weitergehende Einrichtungen für das Einhandsegeln geschaffen werden. Generell bieten auch hier catgeriggte Yachten die besten Voraussetzungen, speziell dann, wenn häufige Kreuzkurse anfallen. Moderne Rollsysteme ermöglichen indessen auch die einfache Bedienung eines Vorsegels. Wer keine allzu großen Ansprüche an optimale Segelbedingungen auch bei stärkerem Wind hat, wird möglicherweise mit einer Rollgenua zufrieden sein, die sich je nach Windstärke vom Cockpit aus einreffen läßt.

Die Fockschot-Leitblöcke an Deck sollten sich für die Einhandsegelei vom Cockpit aus verstellen lassen, da der Schotholepunkt, je nach Reffstufe des Vorsegels, nach vorn wandert. Es sind also Schienen mit Schlitten erforderlich, an denen die Umlenkblöcke montiert sind. Mit Trimmleinen, die zum Cockpit geführt sind, lassen sich die Schlitten verstellen. Der Handel bietet hierfür fertige Systeme in unterschiedlichen Versionen an.

Wer einer Rollanlage nicht traut oder wer auf stets optimal stehende Segel setzt, kann sich für eine konventionelle, aber reffbare Fock entscheiden, in die ein oder zwei Reffstufen eingearbeitet wurden. Im Vorliek wird in Höhe der jeweiligen Reffstufe eine Reffleine in einer eingearbeiteten Kausch eingebunden und über einen Umlenkblock zum Cockpit geführt. Mit ihr wird die Fock nach dem Fieren des Falls bis zur Reffstufe auf den Bugbeschlag herabgeholt. Die stets angeschlagene, zweite Schot setzt die Fock nun an ihrem neuen Schothorn in Höhe der Reffstufe dicht, während das überschüssige Segeltuch lose im Wind flattert – eine nicht ganz befriedigende Lösung. Will man

Besonders bewährt für das Einhandsegeln hat sich die Kombination von reffbarer Trecker-Fock und Großsegel. Für Leichtwind kann eine zusätzliche leichte Genua an der Rolle gefahren werden. (Foto: Greiser)

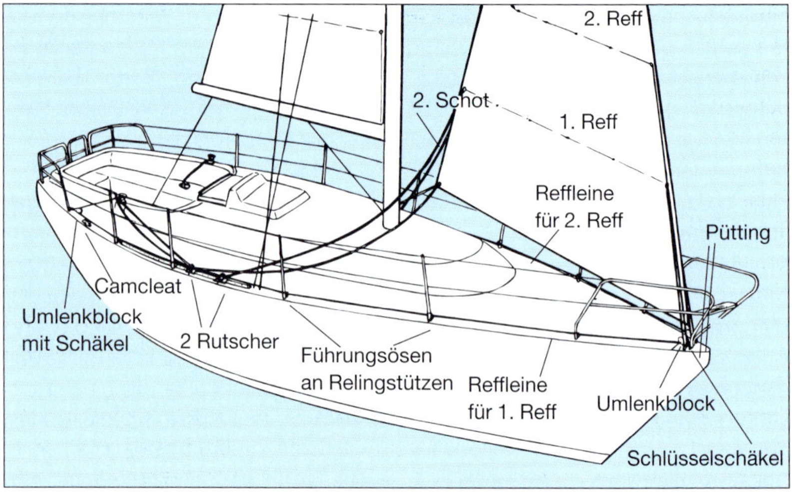

Auch die Fock kann vom Cockpit aus gerefft werden. Hier sind allerdings doppelte Schoten erforderlich, die stets mit der Fock verbunden bleiben müssen. Im Vorliek wird in Höhe der Reffstufe eine Reffleine in die Kausch eingebunden und über einen Umlenkblock zum Cockpit geführt. Auch zwei Reffstufen sind möglich. Dann muss die Fockschot umgeschäkelt werden.

das Killen des überschüssigen Tuches vermeiden, so muss man doch aufs Vordeck und die Lose mit kurzen Stropps einbinden. Hierbei dürfte mancher Einhandsegler überfordert sein, und außerdem ist das Manöver bei Seegang und Starkwind nicht ungefährlich. Bei diesem System sind wegen der beiden Schothörner doppelt geschorene Schoten und damit auch doppelte Schotleitblöcke auf jeder Decksseite erforderlich.

Je kleiner das Vorsegel ist, desto einfacher und leichter lässt es sich vom Einhandsegler bedienen. Aus diesem Grunde sind 7/8-Riggs für das Einhandsegeln vorzuziehen. Große, weit überlappende Genuas sind beim Kreuzen auf engen Gewässern äußerst hinderlich. Auch sollte das Rigg ohne Backstagen auskommen, da ihre Bedienung für den Einhandsegler zu kompliziert ist.

Besonders bewährt hat sich für die Einhandsegelei das moderne Kutter-Rigg.

Hier wird die Vorsegelfläche in zwei handliche Segel unterteilt, die je nach Windstärke zu setzen sind. Werden beide über Rollsysteme bedient, ist das Setzen und Bergen kein Problem. Allerdings sind auch hier doppelte Fockschoten erforderlich, was beim Kreuzen in engen Gewässern Probleme bereiten kann. Eine Kombination mit einem Selbstwendevorsegel ist daher vorteilhaft. Die beste Konstellation für das Einhandsegeln dürfte daher eine an der Rolle gefahrene Leichtwindgenua in Verbindung mit einer durchgelatteten Trecker-Fock sein, die sich nicht nur vom Cockpit aus reffen, sondern auch problemlos setzen und bergen lässt.
Empfehlenswert ist ein durchgelattetes Großsegel, da es ruhiger beim Setzen und Bergen sowie bei Manövern steht. Lazy Jacks erleichtern erheblich das Auftuchen des Großsegels sowie der Trecker-Fock. So sind heute diese Bergeleinen fester Bestandteil des Trecker-Systems.
Ohne eine Selbststeueranlage wird der Einhandsegler auf einer größeren Yacht nicht zurecht kommen. Die Frage, ob eine windabhängige oder elektrisch betriebene vorzuziehen ist, hängt von den Gegebenheiten ab. Im Binnenbereich, auf Seen und Flüssen sowie anderen engen Gewässern ist die Windfahnensteuerung wegen der unzuverlässigen Winde und kurzen Distanzen kaum einzusetzen. Entscheidend ist aber wohl die Tatsache, dass der Einhandsegler sein Boot beim Segelsetzen und -bergen im Wind halten muss. Das heißt, es muss selbständig mit sehr geringer Motorfahrt genau gegen den Wind anfahren – eine Aufgabe, die von der elektrischen Selbststeuerung am besten bewältigt wird. Kurskorrekturen sind hier am schnellsten möglich, weil sich das Bedienelement im Cockpit direkt neben dem Rudergänger befindet. Auf längeren Distanzen, beim Segeln auf See und über größere Seeräume, ist indessen die Windfahnensteuerung im Vorteil. Der Einhandsegler sollte daher mit beiden Systemen ausgerüstet sein, wobei die elektrische Selbststeuerung für die Manöver in engen Gewässern sowie für die Motorfahrt eingesetzt wird. Auch der Einhand-Jollensegler wird hin und wieder die Pinne loslassen müssen, um Segelmanöver auszuführen. Hierfür benötigt er jedoch keine mechanische Selbststeuerung, sondern es reicht ein einfacher Gummistropp aus, der zwischen beiden Decks gespannt und mit einer Klemme oder einer anderen Vorrichtung auf der Pinne festgesetzt wird. Eine gut getrimmte Jolle kann mit dieser Pinnenarretierung eine ganze Weile ihren Kurs halten.

Je größer die Yacht ist, desto umfassender wird die technische Ausrüstung zur Bedienung der Schoten und Segel sein müssen. Ab etwa 10 Metern Bootslänge sind Rollanlagen für Groß- und Vorsegel unabdingbar. Lassen sich die Rollen hier noch von Hand bedienen, so werden für Bootsgrößen ab etwa 15 Metern Länge elektrische oder hydraulische Systeme erforderlich. Auch die Schot- und Fallwinschen müssen jetzt entsprechend angetrieben werden. Eine umfangreiche Stromversorgung aller technischen Einrichtungen wird erforderlich, die nur durch den Einbau eines separaten Dieselgenerators möglich ist.
Bei aller Technisierung ist auch auf großen Yachten das Kutter-Rigg aus den vorgenannten Gründen vorteilhaft für das Einhandsegeln. Aber auch ein Cat-Rigg, eventuell sogar kombiniert mit dem leicht zu bedienenden, gut reffbaren Dschunken-Rigg, ist für lange Einhandtörns zu empfehlen. Immerhin sollten Langfahrtsegler bedenken, dass alle Technik einmal versagen kann, und dass dann wieder Muskelkraft gefragt ist.

Das klappbare Rigg: Mastlegen ohne Mühe

Die Öffnung unserer östlichen Binnengewässer hat bei vielen Eignern kleinerer Boote den Wunsch geweckt, den Mast ohne Kranhilfe unkompliziert legen und setzen zu können. Für die Wassersportler der Seen und Flüsse Berlins sowie Mecklenburg-Vorpommerns gehören klappbare Riggs seit jeher zum Bootsalltag. Sie haben – meistens in Eigenarbeit – eine Vielzahl von technischen Einrichtungen entwickelt, die das Mastlegen und -setzen ohne Kraftanstrengung ermöglichen – zum Teil während der Fahrt und mit stehenden Segeln.
Unabhängig von diesen Systemen eignen sich bestimmte Riggs besonders gut für trailerbare beziehungsweise kleine Fahrtenboote, mit denen häufig das Revier gewechselt und Binnengewässer mit zahlreichen Brücken passiert werden sollen. Grundvoraussetzung sind zwei Dinge: Der Mast muss möglichst kurz und leicht sein. Ein kurzmastiges Rigg lässt sich auf zweierlei Art erreichen: entweder durch Unterteilung der Segelfläche auf zwei Masten –

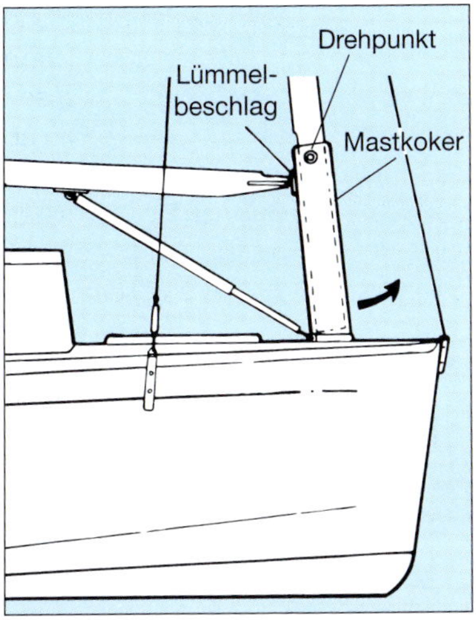

Vorteilhaft beim Mastlegen: Ein bis über den Lümmelbeschlag verlängerter Mastkoker. Der Großbaum kann angeschlagen bleiben.

also ein Ketsch- oder Yawl-Rigg, oder durch Unterteilung des Mastes selbst.

Was wäre hierzu besser geeignet als eine Gaffel? So hat das Gaffel-Rigg auch entscheidende Vorteile für die Mobilität. Sein Mast ist auf kleinen Kreuzern in der Regel so kurz bemessen, dass eine Person alleine und ohne mechanische Hilfsmittel in der Lage ist, ihn von Hand zu setzen oder zu legen. Zudem ist die Abstagung eines kleinen Gaffelmastes in der Regel sehr einfach. Sie besteht nur aus je einem seitlichen Oberwant sowie einem Vorstag. Es muss zum Mastlegen also nur der Vorstagspanner am Stevenbeschlag gelöst werden.

Bei größeren Yachten, mit denen man Kanal- und Flusssysteme befahren möchte, empfiehlt sich ein zweimastiges Rigg mit gleichhohen Masten und Gaffeln, also ein Gaffelschoner. Bei entsprechender Konstruktion ist es möglich, die Mastkoker leicht versetzt oder gedreht auf Deck zu montieren, so dass der Vormast nach achtern und der achtere Mast nach vorn klappen kann, wobei beide Spieren parallel nebeneinander an Deck zu liegen kommen. Der Vorteil dieser Konstellation ist, dass beide Masten in gelegtem Zustand nicht über Bug oder Heck hinausragen.

Prädestiniert für ein klappbares Rigg ist das Cat-Rigg. Durch den Fortfall der Vorsegel und der entsprechenden Fallen vereinfacht sich das Mastlegen und -setzen erheblich. Besonders geeignet für das Wasserwandern auf brückenreichen Binnengewässern dürften daher das im Kapitel „Das Cat-Rigg“ beschriebene amerikanische Cat-Boot und seine modernen Varianten sein.

Das Mastgewicht kann ferner durch die Verwendung von Kohlefasern als Baumaterial sehr reduziert werden. So wiegt beispielsweise ein 8 m langer

Mit einem federgestützten System kann der Mast von einer Person gestellt und gelegt werden. Der Baum mit dem Großsegel bleibt am verlängerten Mastkoker fest angeschlagen (Foto: Kiesel).

Kohlefasermast einer kleinen Fahrtenyacht etwa 70 Prozent weniger als ein vergleichbarer Aluminiummast. Ich konnte Erfahrungen mit einem 7m langen unverstagten Kohlefasermast auf meinem eigenen Kleinkreuzer sammeln, dessen Mast nur 8,7 kg wog und sich von Hand aus dem Rohrkoker herausziehen und an Deck lagern ließ. Den erwähnten 8-m-Mast dürfte man ohne Probleme von Hand im Koker klappen beziehungsweise aufstellen können.
Leider ist der enorme Preisunterschied nach wie vor ein Hemmschuh, denn ein Aluminiummast kostet weniger als ein Drittel von einem individuell gefertigten Kohlefasermast. Hier kann man nur hoffen, dass der Zubehörhandel

seine Chance erkennt und künftig vermehrt industriell gefertigte Kohlefaserprofile in unterschiedlichen Längen und Dimensionen anbietet.
Für das klappbare Rigg ist ferner die Konstruktion des Mastkokers von entscheidender Bedeutung. Es kommt darauf an, den Drehpunkt des Mastes im Koker möglichst hoch zu legen, und zwar aus vier Gründen: Erstens ist die Lastverteilung aufgrund des kürzeren Hebelarmes günstiger, was sich vor allem bei dem Einsatz einer Jüttstütze am Mastfuß auswirkt. Zweitens wird der Mastfuß des aufgestellten Mastes in den seitlichen Backen des hohen Kokers besser und sicherer geführt. Drittens klappt der Mast über den Kajütaufbau beziehungsweise die Spritzpersenning hinweg und liegt weitgehend waagerecht, so dass unter Umständen der Mastbolzen nicht entfernt werden muss. Viertens aber – und das ist der entscheidende Vorteil – kann der Lümmelbeschlag des Großbaumes direkt am Mastkoker angreifen, so dass der Baum samt aufgetuchtem Segel beim Mastlegen angeschlagen bleiben kann. Bei kleineren Yachten lässt sich dieses System ohne große Probleme realisieren. Wichtig ist ferner, dass alles laufende Gut über dem Mastbolzen, also dem Mastdrehpunkt im Koker, aus dem Mast austritt und von dort auf die Umlenkblöcke am Mastfuß geführt wird. So können alle Fallen und Leinen beim Mastlegen angeschlagen bleiben.
Aufgrund des längeren Mastes ist generell ein 7/8-Rigg schlechter für ein klappbares Rigg geeignet als ein Topp-Rigg. Sinnvolle Ergänzungen machen jedoch auch das Legen und Setzen eines 7/8-getakelten Mastes sicher, wie zum Beispiel seitliche, bis zum Mastdrehpunkt hochgezogene Rohrpüttinge für ein paar parallel zum Mast bis unter die Saling verlaufende Hilfswanten, so dass diese die seitliche Stabilisierung des Mastes gewährleisten können. Bei einem Topp-Rigg übernehmen die seitlichen Oberwanten diese Aufgabe, sofern ihre Püttings ebenfalls bis zum Drehpunkt verlängert wurden.
Schwere Masten können nicht mehr von Hand gelegt werden. Hier ist ein sogenannter Jüttbaum als Hebelarm für das Vorstag erforderlich. Bei kleinen Yachten reicht hierfür der Spinnakerbaum aus. Er wird in einen Bügelbeschlag eingepickt, der bei einem niedrigen Mastkoker über dem Drehpunkt, bei einem hohen Koker aber (besser) darunter an der Vorderkante des Mastes befestigt ist. Das Vorstag wird an der gegenüberliegenden Spinnakerbaumnock eingeschäkelt. Eine Talje zwischen Jüttbaum und Bugbeschlag ermöglicht

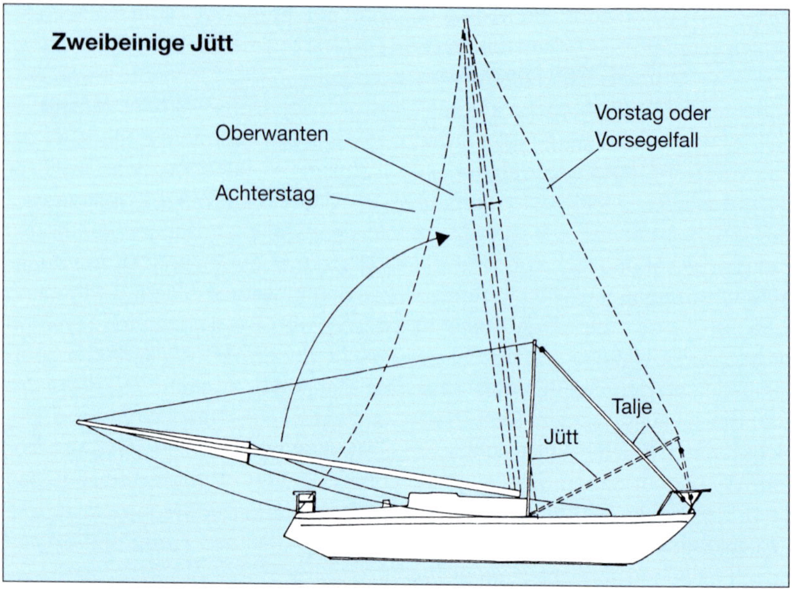

Schwerere Masten größerer Yachten können nicht mehr von Hand gelegt werden. Eine zweibeinige Jütt wird erforderlich. Sie ist in V-Form an der Nock zusammengeschweißt. Die beiden Stützen werden in der Nähe des Mastdrehpunktes an den Püttings montiert.

das Aufstellen und Absenken des Mastes. Größere Boote fahren in der Regel einen gabelförmigen Jüttbaum, der seitlich auf Deck querab vom Mastkoker oder an den Oberwanten-Püttings angeschlagen ist. Diese Konstruktion ist stabiler, weil der Jüttbaum seitlich nicht ausweichen kann. Dadurch wird der Mast beim Legen und Stellen stabilisiert.

Ohne einen Jüttbaum kommt das nach seinem Erfinder benannte Bender-Rigg aus. Hier wird der Mast in einen kurzen und einen langen Hebel unterteilt. Dazu wird der Mastkoker soweit verlängert, dass der Drehpunkt des Mastes etwa 90 Zentimeter über dem Mastfuß liegt. Der Koker besteht aus einem nach vorn offenen Alu-Halbprofil, in dem der aufgestellte Mast gelagert wird.

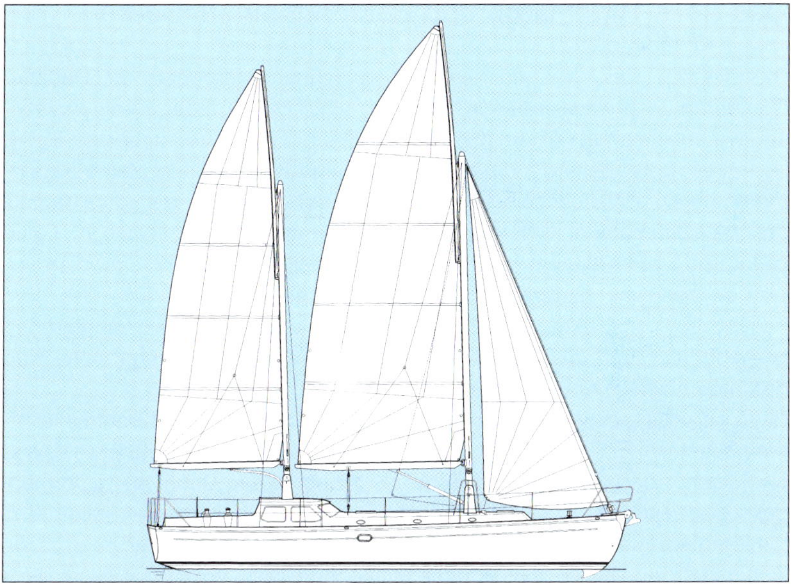

Konstrukteur Nissen (Laboe) zeichnete dieses klappbare Gaffel-Rigg für eine Ketsch, mit der die Wasserwege durch Europa befahren werden sollen. Die Gaffeln verkürzen die Masten, so dass sie relativ leicht gelegt werden können. Der Großmast klappt nach achtern, der Besan nach vorne. Überstände gibt es nicht.

Im Mast sind unterhalb der Saling sieben je einen Zentimeter dicke Gummistropps befestigt, die in einem Drahtstropp enden. Dieser tritt am Mastfuß an der Achterkante des Mastes über eine Rolle aus und ist am Koker befestigt. Wird nun der Mast gelegt, spannt der Drahtstropp die Gummifedern um so stärker, je mehr der Mast sich neigt, bis schließlich das Mastgewicht nahezu kompensiert ist. So kann eine Person den Mast ohne Kraftanstrengung führen und auch seitlich ausbalancieren, so dass keine Hilfswanten erforderlich sind. Für welches System man sich auch immer entscheiden mag: in der Kürze des Mastes liegt die Würze. Je länger und schwerer er ist, desto schwieriger und unsicherer wird das Mastlegen und -setzen.

Das Aero-Rigg: Groß und Fock auf einem Baum

Das Prinzip des von der englischen Firma Carbospars in Hamble/ Southampton entwickelten Aero-Riggs ist nicht neu. Die Idee, Groß und Vorsegel gemeinsam auf einem durchgehenden, um den Mast drehbaren Baum zu fahren, hatte bereits 1930 das Segelgenie Manfred Curry. Seine Experimente für ein entsprechendes Faltboot-Rigg scheiterten aber an dem damals üblichen Baumaterial Holz, das den Ansprüchen hinsichtlich Gewicht, Flexibilität und Stabilität nicht genügte. Die Modellsegler waren da schon erfolgreicher, denn sie hatten es mit anderen Dimensionen zu tun. Erst dem englischen Konstrukteur Ian Howlett gelang es, ein für alle Yachtgrößen brauchbares Rigg zu entwickeln, das unter der Bezeichnung Aero-Rigg patentrechtlich geschützt wurde.

Beim Aero-Rigg bilden der Mast und ein nach vorn verlängerter Baum zusammen eine feste Einheit. Die Herstellung der Spieren in Kompositbauweise aus Kohlefasern und Epoxidharz machte es möglich, den Baum so zu formen, dass der freistehende Mast durch ihn hindurchgesteckt werden kann. Eine Vierkant-Ausformung verbindet Baum und Mast fest miteinander, so dass sie sich gemeinsam bis zu 360 Grad drehen können. Dazu wird der Mast im Deck in einem speziellen wasserdichten Kunststofflager und der Mastfuß mit einem Edelstahl-Dorn in einem Lager im vorderen Bereich des Kielsockels gehaltert. Die einzige Leinenverbindung zwischen Rigg und Yacht ist die Großschot, mit der das gesamte Rigg bedient wird. Wanten oder Stagen gibt es nicht, lediglich achtern am Baum ist eine Achterstag-Talje angeschlagen, mit der der obere Mastbereich um so mehr nach achtern gekrümmt werden kann, je stärker es weht.

Der Segelplan des 7/8-getakelten Aero-Riggs besteht aus einem durchgelatteten Großsegel mit lose gefahrenem Unterliek und einer Rollfock. In der Standardversion sind weitere Segel nicht vorgesehen, jedoch wurden bereits Yachten mit einem zusätzlichen Gennakerbaum ausgerüstet, so dass bei Leichtwind ein Gennaker gesetzt werden kann.

Mit dem drehbaren Aero-Rigg auf Am-Wind-Kurs: Die vordere Baumnock mit der daran angeschlagenen Fock steht etwa 15° in Luv. Je raumer der Wind einfällt, desto größer wird dieser Winkel zur Mittschiffslinie.

NONSUCH

Alle für das Segelsetzen oder Reffen notwendigen Winschen und Klemmen sind seitlich etwa in Höhe der Mastdurchführung am Baum befestigt und müssen auch dort bedient werden. Winschen oder Leinen an Deck beziehungsweise zum Cockpit – mit Ausnahme der Großschot – sucht man vergebens.
Auf dem Baum, unmittelbar vor dem Mast, ist auch die halbrund gebogene Selbstwendeschiene für die Fock montiert. Die Fockschot wird am Baum getrimmt, braucht aber kaum bedient zu werden, da die Fock für Raumwindstrecken nicht aufgefiert, sondern automatisch zusammen mit dem Großsegel über die Großschot eingestellt wird.
Beim Segelsetzen wird stets zuerst das Groß, dann die Fock gesetzt. Anders als bei einem herkömmlichen Rigg, bei dem die Yacht zum Segelsetzen stets im Wind liegen muss, um jeglichen Druck aus den Segeln zu nehmen, kann das Groß beim Aero-Rigg auch mit raumen Winden – ja sogar vor dem Wind – gesetzt werden, da sich das Rigg samt Segel wie eine Windfahne nach der Windrichtung ausrichtet, eine entsprechend aufgefierte Großschot vorausgesetzt. Würde man erst die Fock und dann das Großsegel setzen, wäre dieser Effekt zunichte gemacht. Entsprechend wird beim Segelbergen in umgekehrter Reihenfolge vorgegangen: erst die Fock, dann das Groß.
Aufgrund dieser „Vorbalancierung" von Groß und Fock auf einer gemeinsamen Drehachse sind die Kräfte zum Einstellen der Segel – ähnlich wie bei einem vorbalancierten Ruder, bei dem sich ein Teil der Ruderfläche vor der Achse befindet – geringer als bei einem herkömmlichen Rigg. Entsprechend ist die Großschot ohne großen Kraftaufwand und ohne aufwendige Untersetzungen zu bedienen.
Am Wind zeigt der vordere Teil des Baumes mit der an seiner Nock angeschlagenen Fock um etwa 15 Grad nach Luv. Je raumer der Wind einfällt, desto weiter wandert das Fockvorliek nach Luv, bis es schließlich bei achterlichem Wind querab steht. Während ein Normalrigg auf raumeren Kursen zunehmend an Effektivität verliert, nimmt sie beim Aero-Rigg beständig zu. Das

Vor dem Wind steht die Fock querab vom Mast in Luv. Aufgrund des durchgehenden Baumes braucht die Fock nicht ausgestellt zu werden. Die Segel bieten so dem Wind eine optimale Angriffsfläche.

Vorsegel steht ständig „auf der anderen Seite“ und wird dadurch bei jedem Kurs zum Wind optimal angeblasen. Entsprechend wird die Fockschot auch bei raumeren Winden nicht weiter aufgefiert. Sie steht praktisch immer in der Am-Wind-Position.

Dies könnte zu der Annahme verleiten, eine Yacht mit Aero-Rigg könne höher an den Wind gehen als eine konventionell geriggte Yacht. Tatsächlich lässt sich das Boot aufgrund der engen Schotung extrem hoch am Wind fahren, doch verliert es dabei auch deutlich an Fahrt. Unter dem Strich ist die optimale Höhe am Wind nicht besser als bei einer konventionell geriggten Yacht, die physikalischen Gesetze lassen sich eben nicht auf den Kopf stellen.

Das Aero-Rigg bringt dennoch eine Reihe von weiteren Vorteilen: Halsen laufen aufgrund des stets präsenten „Gegendrucks“ der Fock und der fehlenden Wanten wesentlich undramatischer ab. Die gefürchtete Patenthalse verliert ihren Schrecken. Bei der Wende gibt es kein langes Killen und kein Fieren und Dichtholen der Fock. Der Fahrtverlust ist entsprechend gering. Das Aero-Rigg eignet sich damit auch gut für Einhandsegler.

Ein Baum zum Ausstellen der Fock vor dem Wind ist nicht erforderlich. Der Kohlefasermast gibt in Böen nach, so dass das Boot aufrechter segelt und ungerefft mehr Wind vertragen kann. Die Krängung ist aufgrund des engen Anstellwinkels am Wind geringer als bei einem herkömmlichen Rigg. Außerdem liegt der Gewichtsschwerpunkt des Aero-Riggs tiefer als bei einem vergleichbaren Alu-Rigg. Groß und Fock werden auf dem Baum aufgetucht, so dass keine Segel an Deck liegen. Die Bedienung des Riggs ist insgesamt einfacher und weniger kraftaufwändig.

Auf der negativen Seite schlagen die hohen Anschaffungskosten zu Buch. Obwohl Beschläge an Deck, Wanten, Stagen, Püttinge und Winschen eingespart werden, ist die Ausrüstung einer Yacht mit einem Aero-Rigg deutlich teurer als mit einem normalen Rigg.

Ferner ist das Auf- und Abriggen umständlicher. Der Baum lässt sich zwar vom Mast abnehmen, doch sind seine Größe und seine angebauten Beschläge hinderlich beim Verstauen im Winterlager. Der Mast selbst ist aufgrund fehlender Salinge und Mastbeschläge nicht einfach zu ziehen oder zu setzen. Der Krantampen muss – wie bei jedem freitragenden Mast – im Schwerpunkt als Schlaufe angelegt und im unteren Mastbereich festgesetzt werden. So

eignet sich das Aero-Rigg meiner Meinung nach besonders gut für Yachten, die ständig im Wasser bleiben und nicht abgeriggt werden, wie es auf südlichen Revieren der Fall ist.
Schließlich können Fock und Groß nur direkt am Mast gerefft beziehungsweise eingerollt werden. Es muss also stets ein Crewmitglied für derartige Manöver das Cockpit verlassen.
In der Praxis werden sich vermutlich noch weitere negative Details herausstellen, doch dürften insgesamt die Vorteile überwiegen. Inzwischen wurden mit dem Aero-Rigg auf Yachten zwischen 6 und über 20 Metern Länge mit mehr als 150 Quadratmetern Segelfläche Erfahrungen gesammelt. Die befragten Eigner würden überwiegend wieder ein solches Rigg ordern. Seine leichte Bedienung prädestiniert es vor allem für große Yachten, die mit kleiner Crew gesegelt werden sollen.

Das Trapez-Rigg: Groß und Flieger ohne Baum

Für viele Fahrtensegler, die allein oder zu zweit eine größere Yacht segeln wollen, ist die Unterteilung der Segelfläche in möglichst kleine Einzelsegel vorteilhaft. Auch sollten keine langen und schweren Groß- oder Spinnakerbäume zu trimmen sein. Diese Überlegungen griff der Bremer Konstrukteur Horst Glacer auf und entwickelte ein Slup-Rigg, das gänzlich ohne Großbaum auskommt. Damit wird die Gefahr einer Patenthalse oder eines unkontrolliert schlagenden Baumes gebannt, wodurch immer wieder schwerste Verletzungen an Bord verursacht werden.
Glacer lehnte sich mit seiner Erfindung an das Spreizgaffel-Rigg an, indem er das Großsegel in ein Stagsegel und einen Flieger unterteilte. Beide Segel finden ihren Hole- beziehungsweise Anschlagpunkt auf einer Metallspreize, die zwischen den doppelt geführten Achterstagen montiert ist und diese entsprechend auseinander drückt. Die Spreize ist mit einer Travellerschiene und einem Travellerschlitten kombiniert, in dem die Flieger-Schottalje eingeschäkelt wird. Es ist in etwa der Anschlagpunkt, bei dem die Spreizgaffelschot bei einer Spreizgaffel-Ketsch am Besan angreifen würde. Aufgrund des hochlie-

genden Holepunktes kann das Profil des durchgelatteten Fliegers optimal eingestellt werden.
Während das Vorliek des Fliegers mit Rutschern in der Mastnut geführt und das Segel mit dem normalen Großfall aufgeholt oder abgefiert wird, kann das Stagsegel mit einem Rollstag gesetzt oder geborgen werden. Letzteres wird mittig an der Spreize sowie am Mastfuß angeschlagen.
Die Vorsegel sind beim Trapez-Rigg ebenfalls geteilt. Die Fock ist als selbstwendende Kutterfock geriggt, während die Genua am Vorstag bei Leichtwind gesetzt wird. Da beide Segel an Rollen gefahren werden, lassen sie sich aus dem Cockpit bedienen beziehungsweise setzen und bergen. Auch das Stagsegel kann aufgrund der Rolleinrichtung vom Cockpit aus bedient werden. Der bei Leichtwind zum Einsatz kommende Flieger ist das eigentliche Großsegel des Trapez-Riggs. Es wird geborgen, indem ein Crewmitglied zum Mast geht, das Fall fiert und den Flieger in eine ständig am Mast und auf Deck befestigte Segeltasche fallen lässt, die dann nur noch mit einem Reissverschluss zugezogen werden muss.
Das größte Problem des Trapez-Riggs ist die Stabilisierung und Abspannung der Spreize zwischen den doppelten Achterstagen. Man kann sich leicht vorstellen, dass sie an der Seite, wo der Schotzug des Fliegers angreift, samt dem entsprechenden Achterstag nach vorn gezogen wird. Bei wechselweise einfallenden Böen kann sie sich regelrecht aufschaukeln. Um dieses zu verhindern, müssen von den beiden Spreizennocks zwei Drähte, sogenannte Preventer, zum Mastfuß geriggt und gut durchgesetzt werden. Die Stabilisierung der Spreize wird außerdem durch zwei weitere, sich kreuzende Drähte unterstützt, die von der Spreize zwischen den doppelten Achterstagen zum Heck führen.
Auf Am-Wind-Kursen hat sich das Trapez-Rigg als sehr effektiv erwiesen. Sowohl Stagsegel als auch Flieger lassen sich optimal trimmen und eng schoten, wodurch eine gute Höhe am Wind erreicht wird. Die günstige Aerodynamik und Anströmung beider Segel wirkt sich positiv auf die Leichtwind-Segeleigenschaften aus.
Bei raumeren Winden haben die geteilten Segel gegenüber einem geschlossenen, an einem Baum gefahrenen Großsegel leichte Nachteile, jedoch lassen diese sich durch eine sorgfältige Einstellung und optimalen Trimm weitgehend ausgleichen. Kritisch wird die Situation erst bei Backstagsbrise oder

Bei dem Trapez-Rigg des Konstrukteurs Horst Glacer wurde das Großsegel in ein Stagsegel und einen Flieger unterteilt. An einer Spreize zwischen den doppelten Achterstagen werden die Fliegerschot und das Rollstag der Stagfock angeschlagen.

Die vielfache Unterteilung der Segelfläche des Trapez-Riggs erleichtert einer kleinen Crew die Segelbedienung erheblich. Am Wind ergeben sich gegenüber einem geschlossenen Großsegel keine Nachteile, allenfalls auf Kursen vor dem Wind sind die Einzelsegel schwerer zu trimmen.

achterlichem Wind. Hier können Stagsegel und Flieger ja nicht mit einem Baum wie ein herkömmliches Großsegel ausgestellt und stabilisiert werden. Die Travellerschiene auf der Spreize ist zudem recht kurz, so dass das Flieger-Schothorn bei einem spitzer werdenden Zugwinkel der Schot zum Umklappen neigt. Dies ist vor allem bei Leichtwind der Fall, während stärkerer Wind den Segelstand stabilisiert. Hier wirkt sich positiv aus, dass weder Flieger noch Stagsegel in einer Abdeckung liegen, so dass sie von dem achterlichen Wind optimal angeblasen werden.

Ein großer Vorteil des Trapez-Riggs ist die leichte Anpassung der Segelfläche an die jeweilige Windstärke. Brist es stärker auf, so wird zuerst der Flieger ganz geborgen. Dadurch verlagert sich der Segeldruckpunkt in erster Linie nach unten, aber nur unwesentlich nach achtern, so dass das Boot weiterhin ausgeglichen auf dem Ruder liegt. Bei Windstärken über etwa 6 Beaufort wird zuerst die Genua und danach das Stagsegel eingerollt. Nur unter der kleinen Kutterfock kann das Boot auch einen Sturm abreiten.

Durch das frühzeitige Bergen des Fliegers wird auch eine andere negative Eigenschaft des Trapez-Riggs gebannt: Brist es stärker auf, so kommt durch die Schot des Fliegers und die Rolleinrichtung des Stagsegels ein enormer Zug auf die beiden Achterwanten, wodurch diese in Höhe der Spreize dazu neigen, nach vorn einzuknicken. Durch Wegnahme des Fliegers wird diese Tendenz bei stärkerem Wind deutlich reduziert.

Auf der positiven Seite steht die relativ günstige Installationsmöglichkeit des Trapez-Riggs. Es kann der Originalmast mit allen Wanten und Stagen weiterverwandt werden. Es müssen lediglich ein zweites Achterstag, die Spreize sowie die notwendigen Preventer ergänzt werden. Für das Riggen des Stagsegels eignet sich eine serienmäßige Rollfock-Anlage. Allerdings müssen Flieger und Stagsegel speziell angefertigt werden. Sie lassen sich nicht aus einem vorhandenen Großsegel schneidern.

Konstrukteur Glacer hat für sein Rigg ein Patent und den Innovationspreis einer Wassersportzeitschrift erhalten. Dennoch konnte es bis zur Drucklegung dieses Buches nur wenige Interessenten finden. Vielleicht ist den Fahrtenseglern der zusätzliche Aufwand zum herkömmlichen Slup-Rigg zu groß, denn an der Funktionalität kann es nicht liegen. Dort, wo das Trapez-Rigg eingesetzt wurde, hat es sich bewährt. Die Vorteile des leichten Handlings durch eine kleine Crew und die gute Anpassungsmöglichkeit an die jeweilige Windstärke sowie die Gefahrensmilderung aufgrund des fehlenden Großbaumes wiegen die genannten Nachteile deutlich auf.

Das Alters-Rigg: Reffen mit der Rolle

Segeln kann man bis ins hohe Alter. Das beweisen viele Eigner, die noch mit über 80 Jahren Freude an ihrem Boot haben und es sicher bedienen können. Es geht vor allem darum, mit den nachlassenden Kräften hauszuhalten. Erleichterungen bringen diverse technische Ergänzungen zum Rigg, so dass sich auch ein vorhandenes Boot „alterstauglich" machen lässt.
Trotz aller Roll- und Reff-Raffinessen sollte man dennoch darüber nachdenken, ob es nicht günstiger ist, ein zu großes Boot zu verkaufen und dafür ein kleineres anzuschaffen, möglichst gleich mit dem richtigen Rigg. Denn es sind ja nicht nur Segel, die bedient werden wollen. Eine große und entsprechend schwere Yacht fordert grundsätzlich einen höheren Kraftaufwand, ob es nun das An- und Ablegen, das Wenden und Halsen mit der entsprechenden Schotenbedienung oder das Ab- und Aufriggen im Winterlager ist. Ich habe Eigner kennengelernt, die mit einer kleinen, leicht zu handhabenden Segelyacht im Alter viel glücklicher geworden sind.
In der Regel freilich trennt sich ein Skipper ungern von seinem Boot, das ihn so viele Jahre treu über die Seen und Meere getragen hat, und daher muss er irgendwann anfangen, die moderne Technik einzusetzen, auch wenn diese möglicherweise die guten Geschwindigkeiten und optimalen Kreuzeigenschaften etwas schmälert. Irgendwann führt kein Weg mehr daran vorbei, sowohl das Großsegel als auch das oder die Vorsegel an Rollen zu fahren. Beim Großsegel stellt sich wieder die Frage: Rollen in den Mast beziehungsweise hinter dem Mast oder im Baum? Der Kraftaufwand ist bei beiden Systemen ziemlich gleich groß, denn die Leine zum Ein- und Ausrollen des Segels wird bei fast allen Fabrikaten nach achtern zum Cockpit umgelenkt, wo sie von Hand oder mit einer selbstholenden Winsch auf dem Kajütsdach leicht bedient werden kann.

Entscheidender ist da schon die Kostenfrage: Am preiswertesten ist eine Großsegel-Rollanlage, die an der Achterkante des vorhandenen Mastes angebracht werden kann. Auch das vorhandene Segel kann unter Umständen nach einer Umarbeitung weiterverwendet werden. Der Nachteil: Das Achterliek wird gerade oder leicht „hohl" geschnitten, damit es beim Segeln am Wind einwandfrei steht und nicht killt oder umklappt. Entsprechend geht Segelfläche verloren, die Geschwindigkeit des Bootes verringert sich.
Diese negativen Details treffen auch auf Rollsegel zu, die an Rollprofilen im Mast geführt sind. Da ein spezieller Mast erforderlich ist, wird diese Umrüstung am teuersten.
Das am besten stehende Roll-Großsegel ist mit einer Rollanlage im Großbaum kombiniert. Es können durchgehende, liegende Latten verwendet werden, und die Achterlieksrundung fällt entsprechend groß aus. Leider wird auch hier ein neuer Baum fällig, denn jedes Fabrikat erfordert ein Spezialprofil. Die Umrüstung kostet entsprechend, jedoch kann unter Umständen das vorhandene Großsegel umgearbeitet und weiterverwendet werden. So gesehen ist trotz einer leichten Preisdifferenz zur Großsegelrolle hinter dem Mast das Baumrollsystem am vorteilhaftesten, weil es die beste Segelform und damit die besten Segeleigenschaften garantiert.
Wem jegliche Rolleinrichtung für das Groß zu teuer und zu aufwendig ist, der sollte sich zumindest ein durchgelattetes Großsegel sowie das von Dehler entwickelte und heute von fast allen Segelmachern in abgewandelter Form angebotene Maindrop-System anschaffen, bei dem das Großsegel in seitlich am Baum befestigte Persenningtaschen fällt, die durch Lazy Jacks hochgehalten werden. Das kräftezehrende Auftuchen entfällt, und die Persenningtasche braucht nur mit Hilfe eines Reissverschlusses geschlossen zu werden.
Für die Vorsegel bietet der Zubehörhandel eine große Palette unterschiedlicher Rollvorrichtungen. Um die Vor- und Nachteile studieren zu können, sollte man sich von den bekannten Segelsport-Fachzeitschriften entsprechende Tests anfordern.
Eine selbstwendende Fock erleichtert das Kreuzen im Alter ungemein. Falls die Installation technisch möglich ist, sollten Sie sich für Ihr Boot eine der in den vorangegangenen Kapiteln beschriebenen Selbstwende-Einrichtungen anschaffen. Und Sie sollten diese Selbstwendefock als Standardsegel fahren,

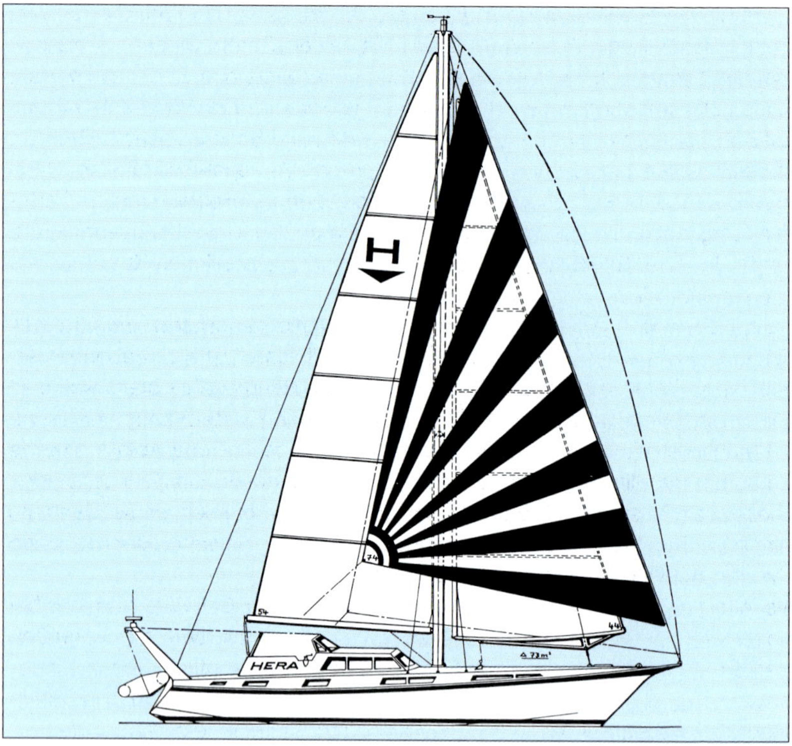

Der Bremer Konstrukteur Kurt Reinke favorisiert für seine Typ-Yachten ein leicht zu handhabendes Rigg mit weit achtern stehendem Mast. Das Großsegel ist ebenso wie die balancierte Fock durchgelattet. Diese Segelgarderobe wird auf Kreuzkursen gefahren. Bei Leichtwind wird ein Blister oder eine Genua von der Rolle zusätzlich gesetzt.

auch wenn aufgrund der geringeren Quadratmeter ein gewisser Fahrtverlust bei Leicht- und Mittelwind einzukalkulieren ist. Damit sparen Sie nämlich die Installation der sehr teuren Elektrowinschen, die bei voluminösen Vorsegeln unabdinglich werden, falls Sie doch Ihr großes Schiff bis ins hohe Alter weitersegeln möchten.

Nicht nur für ältere Segler perfektioniert hat übrigens das Winschensystem Deutschlands Segeltüftler Willi Dehler. Mit seiner „Zentralwinsch" schlägt er mehrere Fliegen mit einer Klappe. Auf der in der Mitte des Cockpits vor dem Ruderrad beziehungsweise der Pinne angeordneten Elektrowinsch werden auf Knopfdruck alle hierhin umgeleiteten Fallen und Schoten geholt: Großfall, Fockfall, Reffleinen, Großschot, Vorschoten und Vorsegel-Rollreffleine. Nach dem Durchholen wird jede Leine auf entsprechenden Hebelklemmen-Batterien festgesetzt und von der Winsch genommen. So kann das gesamte laufende Gut einer Segelyacht mit einem minimalen persönlichen Kraftaufwand mit nur einer Winsch bedient werden.
Trotz – oder gerade – wegen dieser vielen technischen Zusatzeinrichtungen plädiere ich für ein wesentlich einfacheres und leichter zu handhabendes Alters-Rigg. Wer sein ganz spezielles Boot für die Rentnerjahre plant, sollte es von vornherein nicht zu groß wählen. Bei etwa neun Metern Länge und rund 5 Tonnen Verdrängung liegt die Grenze für leichtes An- und Ablegen sowie einfaches Handling unter Segeln und beim Manövrieren. Ein alleinsegelndes Ehepaar sollte eher noch unter diesen Grenzmaßen bleiben, es sei denn, es wird ein echter Motorsegler mit kurzem, kleinem Rigg gewählt. Hier liegt dann aber der Schwerpunkt auf der Motorfahrt.
Als Alters-Spezialrigg würde ich ein hochgetakeltes Cat-Rigg wählen, bei einem etwas größeren Boot ein Cat-Schoner-Rigg mit zwei gleich großen Masten (ob freitragend oder nicht, ist hier nicht so wesentlich) und durchgelatteten Segeln, die mindestens mit dem beschriebenen Maindrop-System ausgerüstet sind, besser noch an Rollen in den Bäumen gefahren werden.
Der Bremer Konstrukteur Kurt Reinke, bekannt geworden durch seine Typ-Yachten aus Stahl für Selbstausbauer, plädiert für ein ganz anderes Rigg und rüstet seine Schiffe auch entsprechend aus: Er versetzt den Mast weit nach achtern – fast mittschiffs – und legt den Schwerpunkt der Segelfläche auf eine überdimensional große, weit überlappende Genua, die mit einer Rollreffanlage kombiniert ist. Seine Philosophie: Die Genua bringt mehr Power als das Groß. Das verhältnismäßig kleine Großsegel braucht kaum gerefft zu werden und lässt sich leicht handhaben. Wenn es mehr weht, wird nur die Genua entsprechend eingerollt. Das geht bequem mit der Schotwinsch vom Cockpit aus. Reinke kombiniert dieses Rigg vorzugsweise mit einer entsprechend

großen Trecker-Fock, die hinter dem Rollvorstag der Genua installiert wird. Dieses Vorsegel ist vorzugsweise den Kreuzkursen vorbehalten.
Ich halte jedoch große Vorsegel – ob gerollt oder nicht – bei einem Alters-Rigg für nicht besonders geeignet. Es bleibt die kraftaufwendige Schotbedienung und das ständige Verstellen der Schotleitblöcke. Elektrische Winschen können hier allerdings einiges wettmachen.
Ich würde stattdessen ein modernes 7/8-Rigg ohne Backstagen mit dominierendem, durchgelattetem Großsegel an der Baumrolle und kleiner, nicht überlappender Selbstwendefock wählen, die ebenfalls aufgerollt werden kann. Die Vorteile dieses Riggs: Das Groß lässt sich leicht vom Cockpit aus im Baum aufrollen, sei es zum Bergen oder zum Reffen. Die kleine Fock braucht kaum gerefft beziehungsweise ausgewechselt zu werden. Es fällt kein hoher Schotzug für die Fock an, da die Selbstwendeschiene die hohen Kräfte absorbiert. Das Kreuzen ist einfach, das Rigg ist sehr effektiv, elektrische Winschen sind nicht erforderlich, und der Kraftaufwand für eine schwächere Crew ist minimal.
Und damit wären wir am Ende dieser Rigg-Betrachtungen angekommen, die sich sicherlich noch vertiefen ließen. Doch für jede Segelboot-Takelung gibt es Spezialisten – Konstrukteure, Rigghersteller und Zubehörlieferanten –, die Sie weitergehend beraten können. Ich hoffe, dass ich Ihnen mit dieser Zusammenstellung einen Überblick über die unterschiedlichen Takelungsmöglichkeiten gegeben habe, die Ihnen die Entscheidung bei der Neuanschaffung eines Bootes erleichtert oder neue Wege aufzeigt, wie Sie Ihr vorhandenes Rigg verbessern, umrüsten oder komplettieren können. In diesem Sinne wünsche ich Ihnen Mast- und Schotbruch sowie viel Freude bei künftigen Segeltörns.

Register